當歷史開口說話

古人未曾解答的問題

鄭俊甫 著

樂律

一場歷史與人性的對話

在千年故事中尋找現代人生的解答

【每篇文章都像是一道人生命題，在故事中找到共鳴】

以故事描繪出歷史中的眾生相和現實中的酸甜苦辣

不知不覺中與古人「對話」，從中體會到無數次「驚豔」時刻

目錄

目錄

第二輯　曾經，那敲擊心靈的歌聲

目錄

第三輯　可不可以不完美

目錄

自序　換一種方式說話

我不是個喜歡說話的人，甚至可以說，我是一個有點木訥的人。

小時候，母親帶著我走親訪友，桌邊一坐，第一句話就是指著我跟人家說：「這孩子什麼都好，就是不太愛說話。」我明白母親的意思，她是怕我閉著嘴坐久了，人家會把我當成啞巴。好在那時候沾了年齡的光，不愛說話在大人眼裡似乎還是一項「優點」，我就常聽見那些大人用羨慕的口吻對母親說：「你家孩子多乖呀，哪像我們家那個，整天像麻雀一樣嘰嘰喳喳吵個不停。」

及至漸漸長大，畢業了，工作了，才慢慢地發覺不喜歡說話帶給家人和自己的苦惱。談戀愛碰到的坎坷就不提了，即便是在社會上或生活中，也活得並不輕鬆。常常會碰到一些各種名目的聚會，陪酒陪聊當然是免不了的。陪酒尚可，只要端起來喝就是，

自序　換一種方式說話

陪聊卻實在不知道該說什麼。不喜歡開口，只好帶著耳朵在酒桌上傾聽，或者乾脆埋頭吃飯，以掩飾自己的笨嘴拙舌。一次兩次還能敷衍，時間久了，便有一些議論飄進了耳朵裡，大意是說我這個人心裡懷著一座冰山，有點冷漠。

可是，只有我自己知道，我心裡懷的不是冰山而是火山，時時刻刻都有噴發的衝動。但又找不到噴發的出口，那種苦悶難與人言。後來在網路上漸漸地認識了一些喜歡寫字的朋友，慢慢地耳濡目染，於是就上「船」了。

最初在「船上」的感覺，是有幾分欣喜的，那種感覺，像極了一個懵懂的少年，「出其東門，有女如雲」，在如雲的美女裡忽然碰到了心儀的女子，該有一些故事發生吧！最初的寫作與利益沒有多少關係，心裡先是有了訴說的欲望，然後就寫了，自然、率性，不矯揉造作。反正也不是為了發表才寫的，不需要迎合誰的口味。就像初戀的時候，一次牽手，一次親吻，都不是為了要拿到那一紙婚書一樣。因而，文字就寫得沒有多少匠氣與技巧，也寫得很雜，散文、隨筆、生活瑣事，像一筆流水帳。後來，一位熱心的副刊編輯來信說：「要是有興趣的話，就寫點短篇小說吧。」於是，我便寫了，一邊寫，一邊看人家怎麼寫。很訝異於短篇小說這麼個小小的東西，能被人「玩」出那麼多流派和技巧來。想跟著學。一位編輯說：「為什麼要學人家？寫東西更多的時候就是在自言自語、自說自話。」

想想也是，自言自語為什麼要用別人的方式呢？我這樣想時，內心就豁然開朗。於是乎，每到晚上，泡上一杯茶，然後坐在電腦前，輕輕地敲打鍵盤時，腦子裡的那些人物便開始依序登場。藉著他們的口，我把積壓在心裡的話一句一句地掏出來，為人生鋪設了一個個或驚或豔，或樸或拙的假設，直至酣暢淋漓、快意人生。

我這才知道，不是自己不喜歡說話，也不是自己不會說話，只是以前不曾找到這樣一種合適的表達方式罷了。

有位同樣喜歡寫字的朋友，曾在自己簽名檔裡留下過這樣一句話：「生性木訥的人，除了寫作，還能有更好的宣洩方式嗎？感謝主，讓我們不開口，也能夠說話。」

這也正是我想說的。

自序　換一種方式說話

第一輯　誰成就了你繁華一世的江山

中原大地，千里沃土，一寸一寸帶血的江山，歸於我的麾下。
但我想要的不止於此，我想仿效始皇，一統天下。

我的同學叫曾參

開學第一天，夫子問我，願意跟誰坐在一起？我想也沒想，就說曾參吧。那時，我是剛剛拜夫子為師，他的許多高徒，我都不認識，這其中也包括曾參。但我聽過曾參的故事，關於那個殺人的故事，嘿嘿，你也聽說過吧？

有趣，我當時就是這麼想的。一個有故事的人，一定是有趣的。我跟曾參住得不遠，隔著四條街的距離，每天上學，我都跑到他家的街口等他，然後跟在他後面，像個尾巴似的。三人行，必有我師，兩人也一樣，近朱者赤，我就不信成不了夫子的第七十三個高徒。

我們上學原本可以走仁義路，過德行街，然後穿過一條羊腸似的小巷，就是學堂了。可是，曾參第一天就出了一道難題給我，他不走小巷子，非要繞道書畫街。那可是要多走好幾公里的路，沒有車，全靠磨鞋底，何必呢？我勸他，怎麼說都不行，他鐵了心。問他理由，也是怎麼都不肯說。起初，我猜他是為了鍛鍊身體，畢竟天天坐在學堂，腹中詩書倒是越來越多，身體也跟著越來越羸弱。

日子久了，才知道自己錯了。有次，曾參病了，走路歪歪斜斜，弱不禁風的樣子。到了小巷子，還是繞行，跟牛一樣固執。我想破頭也想不明白原因，索性不想了。好在曾參樂於助人，跟著他學了不少東西，多跑那麼點路，值得。

有一天，我們正在讀書，曾參忽然很兄弟地跟我說：「我要離婚了。」我嚇了一跳，疑惑道：「嫂夫人我見過，典型的賢妻良母，又會燒得一手好菜籠絡男人的胃，這樣的女人，你們為什麼離婚呀？」

曾參抿著嘴唇，第一次呆愣得像個孩子。半晌，才幽幽地吐一句：「該死的女人，居然給我媽媽吃沒熟的飯菜。」「不會吧？」看著曾參那樣子，我就知道他沒說實話。不會是……我不敢想了。每個男人都有壞毛病，這個我知道，但總不能因為有了壞毛病，就編出一個莫須有的理由去休妻吧？

但我勸說曾參無效，他還是離婚了。後來，我才知道，嫂夫人的確做了一頓半生不熟的飯。原因是她生了病，拉肚子，沒辦法才匆匆忙忙地做了頓飯，沒想到就把好好的一個家弄得支離破碎。了解原因後，我勸曾參復婚，把嫂夫人接回來好好過日子。記得誰說過，日子還長得很，耍什麼脾氣呢！

我依舊勸不動他，我急了，對著他喊：「我知道你是夫子眼裡的孝子，那麼多雙眼睛盯著你。可是，說到底，你媽媽不就是個繼母嗎，至於讓你付出這麼大的代價？」聽了我的話，曾參忽然瞪了眼，抬手甩了我一巴掌。我沒想到這傢伙竟然會打人，而且還打得這麼用力。

日子按部就班，一天疊著一天。回到單身生活的曾參，再也沒有以前埋頭用功的樣子了，一放學，他就拚了命地往家跑。我知道，他是趕回去做飯給媽媽吃，還有照顧他的寶貝兒子，一個人又當爸又當兒子，不好過。

曾參的生活開始潦草起來，不修邊幅，滿臉鬍渣。以前他不是這樣的，剛認識他時，多好的一個人哪，動不動就對著清風明月之乎者也。現在，唉，簡直像個管家婆。心力交瘁的曾參很快就「老」了，我指的是心理年齡。他心裡大概早就後悔了，只是礙於一頂「孝」的帽子，活生生地把自己壓成了五行山下的孫猴子。

曾參病重那天，我去看他。他蜷臥在一張蓆子上，手裡握著《孝經》，正在訓斥著他的幾個弟子。我聽了半天才理解，他是因為自己沒有做過官，覺得自己級別太低，不配享用身下那麼好的蓆子，強烈要求換掉。

「都什麼時候了，還惦記這些繁文縟節？」我怪他。

見到我，曾參咧著嘴笑了笑，樣子像哭。生病以後，他就只對我這麼笑過。他是懷念我跟屁蟲似的黏在他身後的那三年歲月了吧？

曾參費力地招招手，示意我過去。然後把嘴湊在我耳邊，口齒不清地吐著悄悄話：「小師弟，我好像還有一個問題沒有回答你呢，就是……我寧可繞道也不願意走的那條巷子，你知道為什麼嗎？」

他嘿嘿地笑，依舊像哭一樣。

「因為……那條巷子名叫『勝母巷』……」說完，他的頭一歪，就走了。好像這些日子，他病著不肯走，就是為了等著告訴我一個我早已知道的答案。

「『勝母巷』，叫什麼不好，怎麼就取了這種名字？」我叫了一聲，悲從中來。

我的冤家叫子路

沒有風，車隊在七月的陽光裡已經顛簸很久了，依舊沒有停下來的意思。我有點坐不住了，掀開車簾，朝後面望了望，嘆了口氣，轉身問閉目端坐的夫子：「老師，離衛國到底還有多遠呀？」夫子的眉梢挑了挑，輕聲地答道：「該到的時候自然就到了。」

我撇了撇嘴，這動作被一旁的子路看見了。子路本來是在擦拭自己的劍，劍像是他的寶貝，容不得沾上半點塵埃。「哈哈哈，走這點路就受不了啦？看來只能做閉門造車的書呆子。」我瞪了子路一眼：「誰像你呀，只知道打打殺殺的，一個莽夫。」

子路原是魯國的武士，握慣了刀劍，後來不知哪根筋不對勁，幾經周折拜到孔子門下，學習禮儀。他每天擠在三千儒士中間，笨拙的樣子經常成為大家的笑柄。

子路卻不惱，他也探出車窗，望了望後面蜿蜒的車隊，一臉感慨地說：「現在我們出一趟門，動用這麼多車馬，有吃有喝，還有什麼好發牢騷的？想想小時候，家裡窮，為了讓父母吃到一點米，我穿著草鞋，步行一百多公里到城裡去買。哎，要是父母能活到現在該多好啊！」

夫子睜開眼，看看子路，又看看我，捻著鬍鬚說：「三人行，必有我師，我們都該學學子路的孝啊。」

太陽落進山谷的時候，車隊終於在一個小鎮上停了下來。一行人在客棧裡安頓了下來，盥洗好了以後，大家就都擠到我的房間，之乎者也地聊些瑣碎的事。

琴聲就是這時響起來的，聲音很大，有點大珠小珠落玉盤的氣勢。一屋子的人瞬間靜下來，面面相覷。

「誰這麼不懂禮呀？好不容易休息一下，還在那搗亂。」有人不滿意了。

「除了那個莽夫子路，還能有誰？」我還在對路上輸給子路的事耿耿於懷。

大家蜂擁著走出來，看到彈琴的人果然是子路。一把陋琴，席地而坐，悠然自得，卻彷佛已經置身於金戈鐵馬的戰場。

我哼了一聲：「喂，還以為從哪裡飛來一隻昏鴉在聒噪呢，原來是老兄你在撫琴呀。」一群人鬨笑起來。

琴聲戛然而止。子路也斜了我一眼，忽然抽出佩劍，笑道：「我倒是想舞劍，可惜找不到能夠對舞的人哪。不然，你來？」

「粗野，真是粗野，不知老師當初為什麼會收下你。」我在劍氣寒光裡踉蹌了一下，然後跑到夫子房間，「老師，您看看，子路琴彈得不好，我們只是提了點意見，他竟然拔出劍來，這還是知禮的人嗎？」

夫子放下手裡的竹簡，搖搖頭說：「我們周遊列國，在兵荒馬亂的路上跑了十四年，沒有子路這樣勇武的人護衛，恐怕早就餵狼了。你怎麼能說子路是不知禮的人呢？」

我支支吾吾了一陣，無話可說了。

三日後，車隊趕到了衛國的地界，剛一落腳，就傳來一個驚人的消息，衛國發生了內亂，外姓篡權，攪得國將不國。我們都勸夫子：「老師，還是快離開吧，不然就白白成了政治鬥爭的犧牲品了。」

夫子遲疑了一會，回頭問子路：「既然我們都是讀書人，也平息不了什麼戰亂，撤吧？」

子路搖頭：「老師，您忘了，我可是衛國的臣子呀。您經常教導我們，於家要孝，於國要忠。現在國家有難，我怎麼能只顧個人安危呢？」

子路沒聽老師的勸，隻身仗劍殺進了都城。叛賊被子路的氣勢嚇到了，趕忙招呼一群武士，把子路團團圍住。子路冷笑著：「都上來吧，想當年，老子可是赤手搏過虎的，還怕你們這些蝨賊？」

子路愈戰愈勇，一連砍倒多名武士，要不是一名武士從他背後進行偷襲，子路說不定還能再殺幾個。偷襲的武士一劍刺中了子路的帽子，纓帶斷了，帽子歪了，子路不幹了，他把劍一丟，高聲喊道：「等等，你們先等等！我老師說過『君子死而冠不免』，你們先讓我把帽子戴好了再打。」語畢，便坐在地上專心整理起帽子來。

子路的帽子正了，纓帶也繫好了，但是圍攻的武士卻沒等他再站起來，而是一擁而上，揮起了刀劍，可憐的子路瞬間便被剁成了肉醬。

消息傳到夫子那裡時，夫子正坐在桌前吃飯，桌上擺著一罐香噴噴的肉醬，剛買的。夫子呆坐良久，掩面哭道：「子路，你怎麼這麼傻呀！」說完，抬手就把那罐肉醬丟進了垃圾桶裡。

是誰害了顏淵

我一直對顏淵的死耿耿於懷。

好像是N年前的這個時候，顏淵還難得地綻開著一張掛滿皺褶的笑臉，跟我說，他要出國了。我由衷地為他高興，倒不是因為他十年寒窗，肚裡的墨水終於有了塗抹的地方，而是他的處境，哪怕是在國外混上個芝麻綠豆大的官，也該有所改變了吧。

顏淵活得太苦了，我一直這麼認為。我記得剛在學堂遇見他時，差點把他當成了乞丐。破舊的衣衫，枯槁的面容，在飄雪的冬天會露出腳趾的草鞋，使他很自然地成為一幫富家子弟的笑料。起先我還以為他是在作秀，林子大了，什麼鳥沒有？於是，我便很好事地扮演了一次跟蹤者，摸到了他的家。顏淵的家在東關的貧民窟，一個乞丐都不肯光顧的地方。我進去的時候，顏淵正喝著一碗野菜湯，那架勢像是轉世的餓死鬼，狼吞虎嚥。一碗湯下了肚，似乎還沒飽，他又拎了一隻黑漆漆的水瓢，跑到井邊舀水喝。那可是臘月的生水呀，難怪顏淵在課堂上常常鬧肚子。

見到我時，顏淵嚇了一跳，他的臉漲得通紅。當時他的表情裡有驚訝、尷尬、羞怯還有無措，一想起來就讓我的心隱隱地疼。我才知道，顏淵平時一副知足常樂的樣子，都是做給別人看的，他一直過著的，其實是一種戴著面具的生活，面具後面的那張臉，以及臉上的表情，沒有人能分得清。

現在好了，顏淵終於要出國了，或者說終於要擺脫一種戴著面具的生活了。當時我問他，打算去哪個國家？他說衛國。我吃了一驚，印象裡他這樣的高材生是該去一個大國的。顏淵不經意地笑笑：「夫子不是說過，大丈夫要施展身手，就得到一個混亂的國家，整天歌舞昇平的，還要我們這些人去治理什麼？」

也是。

那段日子，顏淵總是一副喜形於色又心事重重的樣子，他大概是有點捨不得學堂了。出國畢竟不是郊遊，一走三五年的也說不定。為了送他，我動手做了件禮物，一件家鄉的石頭穿成的珠子，很樸拙。本想多花點錢，買些實用的東西，又怕傷了他。貧窮讓顏淵的心變得格外敏感。

我們這幫兄弟就等著為他踐行了，然而大家等來了一場變故。顏淵再出現在我面前時，他像是失了魂魄。一見面，他就沒頭沒腦地問了一句：「師弟，夫子讓我吃齋，你說，我家裡窮得三餐不繼，幾個月甚至都聞不到葷腥，這難道不是天天都在吃齋嗎？」我聽得一頭霧水：「你馬上就要出國了，還管夫子說什麼呢？」顏淵搖搖頭，嘆了口氣，長長的一聲，像是失望到了骨子裡：「夫子說，我現在還年輕，心浮氣躁，難以治理國家，去了只會亂上加亂。」

「可是這跟吃齋有什麼關係呢？」我不解。

幾天後，我在一間空蕩蕩的學堂裡見到了顏淵，他端坐在一張蒲子上，嘴唇一張一合，也不知在念著什麼。問他，半天，才輕輕地回了一句：「夫子說的吃齋，指的原是心齋。心靜了，眼自然明。」

「可是，心靜了，還有熱情去治理一個國家嗎？」我想問問顏淵。這個呆頭鵝，像入定的老僧一樣，再也不理我了。我忿不過，去質問夫子：「顏淵連飯也吃不飽，你還忍心讓他打坐？」夫子瞥了我一眼，輕飄飄的。我看見他的桌上擺著剛寫好的蠅頭小楷：「君君，臣臣，父父，子子。」一日為師，終身為父，我猜夫子會端出父親的架勢臭罵我一頓。沒有。夫子的臉色倒是和緩了下來，隨手從桌上拿起一個東西，遞到我手裡。

是一道嘉獎令，齊王頒布的，上面還有他大紅的蓋印。原來，齊王跟夫子閒聊，探問夫子的弟子中哪個做得最好。夫子把七十二個高徒在心裡PK了一遍，最後舉薦了顏淵。夫子說：「家裡只有一鍋菜湯、一瓢冷水，住在乞丐窩似的地方，顏淵還整天那麼高高興興的，換誰能做到啊？」

「可是，」我小聲嘟囔著，「發一張榮譽證書有什麼用啊？又不能填飽肚子。我看，顏淵現在最缺的不是這個，而是糧食和蔬菜。」夫子不說話，直盯著我，臉色漸漸變得嚴肅，食指在一把寬大的戒尺上不停地叩打。我開始心虛，真怕他氣昏了頭，像對待宰予那樣，也對我扣上一頂「朽木不可雕也」的帽子，讓我畢不了業。於是只好放棄規勸，狼狽而出。

顏淵一下成了名人，連夫子這樣見過世面的人，都覺得跟著變成了「星星」。但我總有些隱隱地擔心，擔心顏淵會出事。出什麼事呢？一時也說不清。

幾個月後，我的擔心應驗了。顏淵在學堂的一次早讀課上倒下了，他是餓倒的，年僅41歲。葬禮上，夫子對著顏淵，哭得一塌糊塗，兒子死的時候都沒看他那麼難過。

我知道，夫子是真的傷心了。畢竟，他唯一可以作為仁義代言人的弟子，真的去了。

他不哭誰哭？

壞學生宰予

辛予其實並不差，只是有點另類而已。

那天，連綿多日的雨終於停了。陽光一跳進院子，我們便歡呼著從教室裡湧出來，像一群飛出樊籠的鳥。我在院子裡轉了一圈，大聲喊道：「既然天氣這麼好，下午又沒課，不如我們叫輛車，出去遛遛。」

幾個師兄弟立即附和，於是，簡單地收拾了一下，準備出發。在人群裡聊天的宰予看見了，趕忙湊過來說：「等等，也算上我一個，這幾日窩在教室，心裡都快發霉了。」

我猶豫了一下，原本是不願帶宰予同行的，這小子整天油嘴滑舌，動不動就讓大家難堪。最後，還是班長顏回心軟，他悄悄地拉拉我的衣襟，打著哈哈說：「反正車上還有地方，那就上來吧。」

我們幾個人趕著車，在夏天的田野裡四處遊蕩，一直瘋玩到太陽落山，才意猶未盡地往回趕。路過一處繁華的都城時，宰予拍拍肚皮說：「師兄弟們，我的肚子都開始鬧革命了，不如我們在這裡找個地方，打打牙祭，再走不遲。」

我也正有此意，於是掀開車簾，問趕車的子路：「這是什麼地方啊？」子路答：「朝歌。」我大驚：「原來是紂王酒池肉林荒淫無道的地方啊。子路，快點趕車，離開這塊『凶地』。大家矇住眼，千萬不要染上晦氣。」

大家便都用袖子遮住了眼。走了一會，我忽然發現，宰予不但沒有遮眼，還伸長脖子朝外面張望。原來，河邊有幾個女子在且歌且舞，婀娜的樣子讓宰予垂涎三尺。我悄悄地把這個發現告訴子路，武士出身的子路大怒：「好你個宰予，沒想到整天之乎者也的，肚裡竟然一灘壞水。」說完，一抬腳，把宰予從車上踹了下來，趕著車揚長而去。

宰予是第二天早上才鼻青臉腫地趕回來的。一進門，宰予就稀哩嘩啦地哭著去找夫子：「老師，您可得為我做主呀。子路他們太欺負人了，您看看，把我打成什麼樣子了！害得我在荒郊野外躺了一晚，差點被狼叼走。」

「他們已經把事情告訴我了。」夫子瞥了宰予一眼，搖搖頭說，「子路是做得不對，但你呢，這些年的禮儀恐怕也是白學了吧？我看這件事你也別再怨天尤人，回去好好反省吧。」

宰予還想爭辯，夫子已然離開座位，擺擺手說：「好了好了，宰予同學，該上課了。」

「哼，走著瞧吧，有你們好看的！」出門的時候，我聽見宰予不滿地嘟囔了一句。

上午的課講到了「仁」。夫子在臺上講著古往今來，引經據典滔滔不絕，我們在下面正襟危坐，聚精會神。課講到一半時，教室裡忽然響起了鼾聲。聲音開始還很輕，嬰兒般香甜，後來越來越大，肆無忌憚，聲震屋瓦，以至於我們再也沒心思聽課。

原來是宰予在睡覺，口水流得滿臉都是！

夫子臉上掛不住了，他走到宰予面前，拿起戒尺在宰予頭上狠狠地拍了一下。宰予醒了，揉揉腦袋，一副無辜的樣子：「老師，您怎麼啦？」夫子的鼻子差點被氣歪：「宰予，你還好意思問我？大白天竟然在課堂上睡覺！我看你就是一塊腐爛的木頭，不堪雕刻；糞土砌成的牆，不堪塗抹！」

教室裡瞬間鴉雀無聲，我們都提心吊膽。學堂開了這麼些年，大家還是第一次見到夫子發這麼大的火。

宰予也一樣，平時那張伶牙俐齒的嘴，此刻也像貼了封條。過了許久，他才結結巴巴道地：「老師，您誤會了，我沒有睡覺。」

「沒有睡覺？」夫子冷冷地哼了一聲，「那好，你說說，我這堂課講的什麼？」

「仁，老師。」宰予的語氣恢復了正常，「我剛才趴在課桌上，是因為有個問題一直搞不懂，想請教一下老師。」

夫子沉默著。

「如果告訴一位仁者，有人掉進了井裡，他該不該下去救呢？」宰予的嘴皮子終於俐落起來。

「這還用問，當然要下去救啦！」不等夫子搭腔，我在一旁搶著答道。

「那就是說，這位仁者要跳下去陪落井者一起死？」宰予嘲諷道。

「這……」我啞然。

「怎麼能為了救人而去白白送死呢？」顏回想了想說，「不能救。」

「你的意思是見死不救？」宰予反問，「那他還是仁者嗎？」

我們面面相覷，一時不知該怎麼回答了。宰予撇了撇嘴，一臉的幸災樂禍。大家便都望向夫子。

夫子狠狠地瞪了宰予一眼：「就你愛耍嘴皮子，提的這也叫問題？人當然要救，但也不能把自己白白賠進去，只要到井邊尋找一個救人的方法就可以了。不過，我覺得眼下，大家需要明白的問題還不是這個，而是仁者可以受到欺騙，但絕不可以受到『朽木不可雕』者的戲弄。下課！」

班上響起了一陣笑聲，宰予還沒有回過神來，我們便嘻嘻哈哈笑著，從這個「欽定」的壞學生身邊一鬨而散。

美人贈我蒙汗藥

去衛城的路不長，我卻走了很長時間，確切地說，是胯下的馬走了很長時間。儘管我為青皮的四蹄包了稻草，但覆蓋著冰雪的路面還是讓青皮小心翼翼，始終不敢有所放縱。

雪是三天前來的，下了一夜，城裡很多上了年紀的人都說，還從來沒見過這麼大的雪呢。「綠蟻新醅酒，紅泥小火爐」，有雪相佐，正好照顧了我的生意。可是，來自衛城的消息又讓我皺起了眉頭，知情人說，衛城東關村倒了不少房子，還死了人。

東關村是我幼時住過的地方，舊是舊了些，但民風純樸，人心向善。無父無母的我就是吃著百家飯，一步一步走到了今天，幾乎沒有多少猶豫，我就下了決心，要去衛城賑災。這些年，靠著經營「彭記酒坊」，雖說沒有成為彭城首富，倒也賺了些錢。滴水之恩，當湧泉相報。我也打算為東關村做些事。馬背上馱著的，就是我連夜湊起來的兩千兩紋銀。

我趕到衛城的時候，天已經暗了，肚子裡有點空，馬跟我一樣，有氣無力地吐著哈氣。我卻顧不上吃飯，來的路上已經想好了，把銀子分給大家，不如乾脆在東關村架起十幾口大鍋，煮粥。

於是，打算先去買鍋。

雪災後的衛城像一個頹廢的老婦人，空氣中充斥著無精打采的蕭條氣息，就連兒時極喜歡的那條繁華的石板街，也泛著一股慵懶的氣息。偶有來來往往的人，也都是拄著竹杖討飯的百姓。一路走過去，全被這樣的人簇擁著、包裹著，讓人心酸得落淚。好不容易把幾家賣雜貨的店鋪轉完了，我想要的那種大鍋，根本就沒有。雜貨鋪的老闆說：

「這麼大的鍋，進了貨賣給誰呀？」我想想也是這樣。

天已經晚得看不清楚路了，街上漸次響起的打烊聲提醒我，如果再不找家客棧填填肚子，恐怕就要挨餓了。青皮有一聲沒一聲地打著呼，整整奔波了一天，這傢伙連發脾氣的力氣也沒有了。

我拉著青皮開始留意街邊的招牌。女人就是這時候闖進我的視線的，她慵懶地斜靠在一家不起眼的店門邊，先是把我上下打量了幾眼，然後一改散漫的姿態，開始誇張地搖著腰肢，朝我迎過來。「大哥」，她說，嗲聲嗲氣的樣子讓我疑心自己誤入了青樓，「是要住宿吧大哥？上我這裡來吧，特色客店，包您滿意。」

我停住腳，就著店門口微弱的燈光，也把她上下打量一番。一襲斜襟藍底紅花朵的長裙，鬆鬆地挽著雲鬢，年紀頂多三十出頭，卻有著一種久經世面的練達。而且，也得承認，她算是一個很標緻的美人。

女人見我有些遲疑，她嬌笑著扯過青皮的韁頭，一隻手指了指店面的招牌，「大哥，您一定沒來過衛城吧？『美人湯』的飯菜可是衛城的招牌哦！」

我不經意地一笑，衛城是我長大的地方，即便是後來離開了，也常常因為這樣那樣的事，一年要來上幾次。「美人湯」，我還是第一次聽說，該是一家新店了。不過，不爭氣的肚子和女人誇張的熱情還是讓我停了下來，先住下來再說吧。

女人把我領進一間寬敞的客房，一邊招呼店員打來熱水，一邊巧笑倩兮地說：「大哥，您稍等，我去為您上菜。」

片刻的工夫，門口就飄來了陣陣的菜香，瞬間食慾大增。我迫不及待地坐下來，拎起了筷子，沒等動手，女人又端來一壺酒，「剛燙好的，喝一點暖暖身子吧。」女人拿出一個酒杯，裝滿，又拿出一個，也裝滿。酒香一飄進鼻孔，我就知道是上好的酒了。「我不喝酒的」，我抬起眼皮對女人說。我沒有騙她，經營酒坊這些年，賣出的美酒無數，我卻滴酒不沾。

女人嗤笑一聲：「跑路的男人不喝酒，誰信哪？」不由分說，端起兩杯酒，一杯塞進我手裡，一杯一飲而盡。然後衝我亮了亮杯底，「怎麼樣大哥，乾了吧？」

酒色在女人的臉上泛起兩朵燦爛的桃花，越發勾勒出一股掌上飛燕的妖媚神態。見我沒有動靜，女人接著倒了第二杯，一仰脖，又亮了亮杯底，動作乾淨俐落。我一時有點無措，不知道這個妖媚的女人到底想做什麼。女人撇撇嘴，忽然湊近我的耳朵：「大哥，別看您看起來挺像個男人，其實都是裝給外人看的，連酒也不敢碰，那還叫男人嗎？」

我橫了女人一眼，端起酒杯也一飲而盡。明知道她是在用激將法，但也不能讓一個女人小看了不是？女人仰起臉，嬌笑成一團，一隻手搭在我的肩上，很曖昧地揉了揉：「大哥，慢慢吃哦。」一陣香風便飄出了屋子。

那晚我只喝了一杯酒，奇怪的是，後來的事情我卻一無所知，只知道自己醒來後，頭痛欲裂。更要命的是女人和店裡的店員都不見了，一起不見的，還有青皮和那兩千兩紋銀。我慌忙去向官府報案，開設黑店，巧取豪奪，也太張狂了吧！沒想到，衙役聽了沒兩句，便不耐煩地擺著手說：「『美人湯』？從來沒聽說過！」

我直接傻了。

回到彭城，整整躺了一天，才從女人的那杯酒裡醒過神來。錢丟了，災還得救。思慮再三，我決定再去籌一筆銀子。三天後，兩千兩紋銀籌齊了，又開始動身上路。這次，為防萬一，我帶了兩個夥計，全都是滴酒不沾又有些身手的。

衛城還是那座衛城，衛城又全不是幾天前的衛城了。街道上的人摩肩接踵，他們臉上洋溢著興奮，彷彿幾天前上天降下的不是一場雪災，而是甘露。越是接近受災最嚴重的東關村，越是熱鬧，街上橫著兩排隊伍，一直蜿蜒到石板街的盡頭。

我疑惑地擠過去，問一個排隊的老漢：「你們都在幹什麼呀？」老漢抬起掛滿褶子的臉，樂呵呵地說：「你還不知道啊？有個善人在這裡發粥呢，好幾口大鍋，都已經發了兩天啦！」

許是怕我沒聽明白，老漢身邊的小夥子插話說：「是『美人湯』的女老闆，聽說花了兩千兩銀子。很漂亮的一個女人呢，嘿嘿。」

「女人呢？」我忙問。

「早走了，鍋一支上，就沒見過她的影子，連個名也沒留，真是善人哪。」小夥子一臉的感激之情。

我一頓腳，豁然開朗。「美人湯」裡費盡心機的「劫富」，竟然也是為了「濟貧」。這個女人，莫非知道我買不到煮粥的鍋嗎？我搖了搖頭，啞然失笑。

多吃了一顆桑葚

丹是我最好的朋友，他是楚國人，我是吳國人，這並不影響我們整天嘻嘻哈哈地打鬧在一起。我們兩家所在的兩個小城——吳國的卑梁和楚國的鍾離，就像兩個毗鄰的村莊，這邊一聲雞啼，那邊立刻就能響起狗叫。那條象徵國境線的小河，清清的，淺淺的，不必挽起褲腳，我們就能輕而易舉地蹚過去。

我和丹的童年時代，就是在那條小河邊度過的。那時候我們都還沒進學堂，忙著種田的大人們也顧不上管我們，我和丹吃完飯，便相約到小河邊摸魚，要不就是捏上一堆泥巴士兵，玩「兵來將擋，水來土掩」的遊戲。

丹說，他長大了要當一名將軍，我說我也是。丹還說，他還要下令讓工匠們把卑梁和鍾離連在一起，這樣兩家就能隨便串門子了。我哈哈笑著說我也是。

可是，我和丹的夢想剛剛邁過那個秋天的門檻，就發生了一件事。

事情的起因跟一棵桑樹有關。桑樹就長在小河邊，粗大的樹幹，濃密的樹冠。平時，我和丹玩累了，就枕著手臂，躺在樹蔭下歇涼，或者聽鳥聲啁啾。更大的樂趣還是數樹上的桑葚，一顆兩顆……一直數到它們變紅變紫。紫紅的桑葚讓我們的童年爬滿了饞蟲，爬滿了大大小小的欲望。不過，這樣的時候不會很長，因為桑葚的美味會引來很多孩子，讓桑樹上很快只留下一片綠葉。

那天，我和丹又來到桑樹下，準備碰碰運氣。是丹上的樹，丹的身子瘦瘦的、小小的，爬起樹來像隻猴子。我則守在樹下，防著別的孩子來搶我們的果實。丹在樹上忙了半天，然後搖著痠痛的手臂滑下來，齜牙咧嘴地問我撿到了多少。我數了數，十一顆。丹掰著指頭算了半天，說，你五顆，我六顆。

憑什麼？我叫起來。

是我爬的樹嘛。丹一邊辯解，一邊抓起地上的桑葚往口袋裡塞。

你爬的樹又怎樣？不是我守著，別人早就搶光了。我抓著丹的手，試圖阻止他。

丹沒有停下來的意思，依然往口袋裡塞著。我有些生氣，憑著自身塊頭大一些，隨手推了丹一把。丹一個踉蹌，坐倒在地，地上剛好有塊石頭，丹立刻捂著屁股，哇哇叫起來。

丹的哭聲很快召來了他在田裡工作的父親。丹的父親雖然和丹一樣瘦小，樣子卻很凶，他一上來，不由分說便扯住了我的耳朵，向上用力拎著，幾乎就要把那隻耳朵扯離我的腦袋。我也開始哀號，聲音比丹還要悽慘。

過了一會，總算有人來救我了。是鄰家的三叔，他也是聽見叫聲才從地裡跑過來的。三叔和丹的父親吵了幾句，話不投機，很快便扭打在一起。我和丹在一邊插不上手，只好扯起嗓子，拚命喊兩邊的大人。

大人們跑過來，黑壓壓的兩群。他們手裡拎著鋤頭、鐵鍬，還有放羊的鞭子，叮叮噹噹混在了一起，場面變得很熱鬧。我和丹躲在一邊，茫然地當著觀眾。丹似乎很喜歡這樣的場面，我看見他用衣袖揩掉臉上的鼻涕，掏出桑葚，津津有味地啃起來，那樣子勾得我直流口水。

混戰是在一聲驚叫中停下來的。不知是誰喊了一聲，不好，打死人啦！亢奮的群眾立時靜下來，並且很快圍成了一圈。我擠過去，看見鄰家的三叔蜷在地上，頭上汩汩地冒著血水。幾個大人慌忙抬起三叔，踉踉蹌蹌往城裡跑。

三叔還是沒能搶救回來，大夫不停地搖著頭說，太可怕了，血都快流乾了。父親從大夫那出來後，找了一幫人，哭喊著去找卑梁的守將。晚飯的時候，父親回來了，臉上有了一絲喜色。父親說，守將同意發兵了。緊接著，父親又咬著牙狠狠地罵了一句，媽的，我要讓他們血債血還！我不知道父親是在罵誰，丹還是那群大人？父親只是叮囑我，這幾天不准出門，外面亂得很。

外面果然亂得很，因為沒幾天，我就看見父親驚慌失措地躲在家裡，再也不敢出門。問他，他說，卑梁城裡到處都是楚軍，見人就殺，街上的屍體都快堆成山了。母親納悶，不是我們去打鍾離嗎？是呀，父親說，可是媽的，剛打了兩天，楚王就不願意了，竟然派兵占了卑梁。

那些天，我縮在家裡度日如年。我已經很久沒有見過丹了，沒有和他一起摸過魚、爬過桑樹了，一個人形單影隻的，真沒意思。一個月後，父親終於探聽到了讓人激動的消息，吳王一怒之下，派出精兵三萬，不但收復了卑梁，還一舉攻下了楚國的鍾離和居巢。

這下可好了，父親在飯桌上把碗敲得叮噹響說，連鍾離也成我們的了，看他們還能不能鬧！

那我是不是可以去小河邊玩了？我問父親。

當然啦，父親眉飛色舞地對我說，不光是小河邊，連鍾離也可以去呢。

聽了父親的話，我胡亂塞了幾口飯，便迫不及待地往小河邊奔。丹已經在那了，看來他也收到了消息。丹一個人呆呆地站在那棵桑樹邊出神。桑樹的樹冠不見了，只剩下一根光禿禿的樹幹，上面黑漆漆的，像是母親剛從灶裡抽出來的燒過的木柴。怎麼回事？我驚訝地問。

還不都怪他們！丹撇了撇嘴。見到我，丹的眼裡有了光亮，他抓住我的手，說想死我啦！我說我也是。

我們在光禿禿的桑樹下坐下來，互相講著這些天城裡發生的事。講著講著，丹忽然冒出一句，那些大人真不好玩！

我點頭，說我們玩我們的，不管他。於是，我和丹俯下身子，捏了一堆泥巴士兵，開始玩遊戲。

史官傳奇之太史簡

我是被一陣哭聲驚醒的。不只是我，我們弟兄四人都是被這一陣哭聲驚醒的。

身為齊國的史官，大哥太史伯一直教導我們，世界那麼大，人心那麼亂，每天都有意料不到的事情發生。但不管外面怎麼亂，史官不能亂，史官要做的，就是為紛亂的結果找到真相。

真相只有一個。大哥總是在我們遇到岔路的時候，就讓我們默念這一句，然後像禮佛的僧人一樣，清心前行。

大哥為了為自己營造一個清靜的環境，他把錄簡的工作放在了晚上，下午小睡，閉門謝客。

然而，這一次，無論如何是睡不成了。外面哭聲震天，大哥說：「怕是誰家又歿了先人吧。」

出了門，見到的竟是上大夫晏子。晏子是個很講究的人，平日裡喜怒不形於色，即便是形於色了，你通常看到的他也是彌勒佛的一面。

大哥驚訝地扶住晏子，問他出了什麼事。

晏子捶胸頓足，那樣子比喪了考妣還難受：「太史伯，大王……薨了。」

「怎麼可能？昨日大王還跟一幫武士比騎射，箭能射百步，怎麼今天就……」

晏子止住哭聲，斷斷續續地講述了事情的經過。莊公喜歡上了大夫崔杼之妻東郭姜，常常帶著隨從以禮賢下士的名義到崔杼家訪問。其實是藉著崔杼外出的機會偷會東郭姜。對於這位上級為自己戴的綠帽，崔杼心知肚明，懷恨在心。這天，莊公又去了崔杼家，這一次，他沒有避開崔杼，不但當著崔杼的面對東郭姜拋著媚眼，還把崔杼的帽子賞賜給了隨從。「君子死而冠不免」，這侮辱最終使崔杼動了殺心，一陣亂刀讓莊公死於非命。

「崔杼弒君時，我就在他的府門外，眼睜睜地看著，卻無能為力。」晏子又開始嚎啕。

「為人臣者，君憂臣勞，君辱臣死。」大哥推了晏子一把，怒道，「上大夫為什麼不跟大王同赴難？」

晏子一邊哽咽，一邊辯解：「大王若為社稷而死，我也會為大王而死；大王若為社稷而逃亡，我也會為大王而逃亡。可是，今天他是為了自己的錯誤而遭難，我覺得不該為這樣的錯誤去殉難呀！」

大哥狠狠地一跺腳，剛要繼續辯論，外面響起了雜亂的腳步聲。是崔杼派來的侍者。侍者傳話說，讓大哥馬上到府中談一談。

晏子慌亂地盯著大哥：「他這是要急著抹平這件事呀。」

大哥冷笑一聲，轉身進了屋。片刻，抓著一卷竹簡出來，竹簡上是一行瘦長的大篆：「夏五月，崔杼弒其君。」

晏子抓著大哥的手說：「太史知道此去意味著什麼？」

大哥說：「知道。」

大哥又轉身叮囑我們：「照顧好家人。」他頭也不回地走了。

半個時辰後，崔杼的侍者又來了，傳二哥太史仲。

二哥像大哥一樣，在竹簡上工整地寫上「夏五月，崔杼弒其君」，昂首出了門。

又過半個時辰，侍者再來，傳三哥太史叔。三哥對我笑一笑，抓著早已寫就的竹簡，也走了。

時間過得真快，彷彿三哥前腳剛出門，侍者後腳就闖了進來，厲聲叫囂著：「上大夫有令，傳太史季！」

我來不及寫好竹簡，不過這不重要，那幾個字，在哪我都能把它們謄寫工整。

家人已經哽咽著說不出話。晏子也一樣，一向穩重講究的晏子大夫，臉上凌亂得像是水災現場。他扯著我的衣袖，拚命擺手：「季，留得青山在啊……」

可是，青史如果不在了，留著一座光禿禿的山有什麼用？

我像三個哥哥一樣，義無反顧地出了門。

崔杼的府上戒備森嚴。崔杼拎著一把劍，像一頭殺紅眼的野獸，站在院子裡。他的腳下，是三具血淋淋的屍體，每個人的手裡，都緊握著一卷竹簡，上面沾滿血跡。

崔杼指了指身邊的桌子，上面一筆、一硯、一卷竹簡。「你的哥兄弟不聽我的號令，我已處決了他們。你就寫莊公是病死的，不然，那就是你的下場。」他轉身指著三個哥哥的屍體，惡狠狠地說。

我的心在一滴一滴地淌血，牙齒幾乎要咬碎。我走到桌前，冷靜地攤開竹簡，提筆寫道：「夏五月，崔杼弒其君。」

崔杼怒不可遏，把劍橫上我的頸項，然後凶狠地說：「你三個哥哥都已經死了，難道你也不愛惜自己的生命嗎？如果改變寫法，你還能有一條活路。」

我平靜地回答：「按照事實秉筆直書，是史家的天職。與其失職，還不如去死。」

崔杼睜著一雙獸眼，半晌，棄了劍，嘆息一聲，道：「退下吧。」

走出府門，迎面跟跟蹌蹌撞過來一人。是我的好友史官南史氏。聽說我的三個哥哥皆被殺害，他也來了。

南史氏盯著我，問：「記下啦？」

我點頭：「記下啦。」

他長嘯一聲，抖開了手中的竹簡，上面一行遒勁的字型——夏五月，崔杼弒其君。

竹簡在風中嘩嘩作響，恍若一面旗幟。

史官傳奇之董狐筆

堂兄趙盾最近有點異樣，他動不動就唉聲嘆氣，借酒澆愁。趙盾身為一國之相，位高權重，本不該像個市井之徒的樣子。那天，我們對飲，他喝紅了臉，竟然拍著桌子大罵：「昏君，昏君呀！」

「怎麼啦？」我嚇得靈魂出竅。

趙盾說：「一國之君，不想著為民謀福祉，卻整天聚斂民財，殘害臣工。我苦心勸諫靈公，他非但不改，反而遷怒於我，多次派人刺殺。你說，這樣的昏君，國家還有希望嗎？」

靈公的德行我是知道的，卻不承想荒唐至此。看著可憐的堂兄，我一邊喝酒，一邊思索著怎麼幫他。

沒等我想出個子丑寅卯，事態就惡化了。

十多天後，靈公在宮中舉辦宴會。趙盾赴宴，沒想到帷帳中埋伏著全副盔甲的兵士，酒喝到一半，好好的一場聚會就變成了武鬥。幸好趙盾有些身手，在護衛的幫助下，拚死殺出重圍，逃到晉國邊境，躲藏起來。

一國的相國沒了，靈公不但沒有絲毫愧疚，反而更加放縱起來。他日日花天酒地，把自己灌得酩酊大醉，不問政事。這樣的國君，不佐也罷。我決心唱一回白臉，當一回忤逆的「亂臣」。有一天，趁著靈公爛醉如泥，我帶著貼身的侍衛，一擁而上，除掉了這個敗國的昏君。

趙盾又回來了。在他的主持下，成公繼位，他仍被委任為相國。一切都回到了正常的軌道，國家興利除弊，開始蒸蒸日上。

本以為這件事情就結束了，沒想到董狐的一支筆又攪起了風浪。董狐本是一介書生，司太史職。成公早朝，董狐在朝堂上宣讀擬寫的載入史冊的大事，只一句，就讓朝堂上大亂。他說：「趙盾弒其君。」

趙盾當時就跳了起來，像個蒙冤受屈的孩子，爭辯道：「我沒有殺君王！靈公遭難時，我身在千里之外，怎麼殺他？」

我也站出來，拍著胸脯說：「人是我殺的，跟相國無關。有什麼想寫的，衝著我來！」

董狐毫不畏懼，他問：「相國位居正卿，世承王恩。王有過錯，你可以離職，另謀高就。請問，你離開國家了嗎？」

趙盾答：「沒有。」

董狐又問：「相國未離開國家，也未辭掉相位。請問，你跟大王的君臣之義斷絕了嗎？」

趙盾猶豫了一下，答：「沒有。」

董狐再問：「相國既與大王君臣之義沒有斷絕，那麼大王罹難，你回到朝中，仍司相國之職，就應當組織人馬討伐亂臣。請問，你討伐了嗎？」

趙盾頓時漲紅了臉，半晌，方囁嚅道：「沒有。」

董狐忽然提高了嗓音，厲聲質問道：「相國不討伐亂臣就是未盡到人臣之責。你說，這『弒君』之名，你不擔誰擔？」

滿朝文武面面相覷，無言以對。我在一邊惱羞成怒，拔出佩劍，喊道：「大膽董狐，靈公無道，殺了他也是為民除害，替天行道，何錯之有？」

董狐輕笑一聲，說：「將軍息怒，在下是個太史，秉筆直書是在下的職責。至於大王是否有錯，不是我該問的。」

董狐這傢伙，仗著自己的三寸不爛之舌，弄得我跟堂兄趙盾顏面盡失。我舉著劍就要衝過去。

趙盾攔住了我，身為相國，肚裡撐船，額頭跑馬。他很快就恢復了常態，衝董狐深深作揖，動情地說：「當今之世，殺伐當道，禮崩樂壞，太史還能直書事件的實質而不加隱諱，今之良史呀！」

「趙盾弒其君」就此載入史冊。

奇怪的是，這件本該掀起軒然大波的事，到此竟然畫上了完美的句號。很多人知道真相後，不但沒有非議趙盾的不忠，反而為他戴了一頂「良大夫」的高帽。

還有人開玩笑說：「可惜呀，他當時要是逃出了國境，不就沒有責任了嗎。」

去趙國的邯鄲

我一直很後悔那次去邯鄲。這之前，我一直在父親的軍中工作，整天跟一幫靠腦子吃飯的同事為父親出出謀、劃劃策。不客氣地說，我的軍事理論還行吧，因為每次父親征戰回來，都會對我伸伸拇指，說，你小子主意不錯，又勝了。雖然多數時候，都是些國界上的小衝突、小事件，次數多了，功勞累計起來，我的職位還是很快的高升。

父親閒下來時，喜歡跟我們一起圍坐帳中，聊聊天、打打趣，話題當然跟戰局有關。說起打仗，我弓不能射百步，力不能舉百斤，可是我們讀過的兵書多，從古至今的軍事著作，堆起來，五輛車都未必能裝完。小範圍的爭論，大場面的辯駁，也從沒在人丟過臉。

也許是樹大招風吧，漸漸地，流言就來了，先是嘲笑我「官二代」，藉著父親的職位謀點好處，再是譏諷我「死讀書、讀死書」，書呆子一個。起初很生氣，舉手臂挽袖子像個憤青似的想去理論，父親笑著止住了，父親說，流言止於智者，亮出你的本事，自然也就沒人再嚼舌根了。

也是。

很快，機會就來了。西元前280年，父親攻打齊國的麥丘，久攻不下，趙王很生氣，下了死詔，只給父親一個月的時間。我從沒見父親那麼煩惱過，雖然戰場上父親總是置生死於度外，可是這是攻城，麥丘城高牆厚，如果硬著來，父親的一世英名可能毀於一旦。在緊急軍事會議上，平日裡誇誇其談的同事們都沒了主張，父親把目光轉向了我。我笑了，說，碰到這樣久攻不下的殘局，用兵其實已經意義不大，兵書上說「攻城為下，攻心為上」，不如優待那些俘獲的齊軍，錦衣玉食，寶馬雕車，然後再放回去，讓他們做一回活廣告，亂了對方的軍心，城自然不攻自破。

行嗎？父親跟同事們的目光裡充滿了狐疑。

把「嗎」去掉，不試怎麼知道？我胸有成竹。

一週後，傳來消息，放回去的齊軍殺了守將，降了。

我瞬間聲名鵲起，成了趙國街頭巷尾談論的對象。一夜之間紅遍全國，讓我多少有點不適應，父親看了，語重心長地說，一次成功不算什麼，難免授人以「瞎貓碰上死耗子」的嫌疑，要想成為名將，就得踩著敵人的屍骨不停走下去。

於是又有了閼與之戰。西元前269年，秦國借道韓國進攻閼與，趙王派父親前去救援。父親問計於我，我想了想，說，秦軍既然是借道，韓國一定會有所不滿，怕秦軍順手牽羊，滅了韓國。不妨利用韓軍的心理，派人散布謠言，打一場離間戰。

一個月後，計謀見效，韓軍果然出兵夾擊，跟父親一起大敗秦軍，還殺死了秦國名將胡陽。

這也許就是後來秦軍兵犯長平，國家生死存亡之際，趙王召我去邯鄲的原因吧。其時，父親已經故去，在長平與秦軍對峙的，是老將廉頗。秦軍叫囂說，廉頗根本不在他們眼裡，他們唯一畏懼的，是我。

趙王說，虎父無犬子，秦軍沒有看錯。

我搖了搖頭，說，他們搞的是反間計。

趙王皺了皺眉，很不高興地說，疾風知勁草，板蕩識誠臣，國難當頭，愛卿難道怕死不成？

死我倒不怕，我想說的是，跟隨父親征戰這麼多年，雖然成了名人，但卻從未單獨領過軍，把一場關乎國家存亡的戰爭作為我的「處子秀」，未免太冒險了些。不如仍舊讓廉將軍領兵，我當參謀。

遺憾的是，趙王已經聽不進我說的話了，他說，廉頗老了，飯也吃不進去，還整天拉肚子，怎麼打仗？他又說，愛卿儘管說，需要帶多少兵吧？

我掰著指頭算了算，無奈地說，四十萬吧。

四十萬，差不多就是傾國之兵。後來的戰事你都知道了吧？現在想想，後悔到腸子都發青了，那麼多風華正茂的男子，就這樣被我領進了一個巨人的墓坑，再也沒能回來。

後人很刻薄地嘲笑我，動不動就搬出「紙上談兵」的糗事，他們哪裡知道，在趙王陰影下的我，也是身不由己呀。

罪過。

刺客聶政

在成為刺客之前，聶政只是一位勇士。在戰國，像聶政這樣沒有正當職業，偶爾舞舞刀、揮揮棒的勇士，你在街上隨便晃一晃，都能碰到。跟別人不一樣的是，聶政膽大心細，喜歡打抱不平，因而屢有美名傳於鄉里。

聶政生活的變化源於一樁命案。有一天，聶政和往常一樣，只是想教訓一下那個為虎作倀的衙役，誰叫那傢伙不長眼，順手拎了聶政狗肉舖子裡的半條狗肉，還嚷著說：

「老子吃你的東西是看得起你！」

讓聶政沒想到的是，那傢伙竟這麼不經扁，三拳兩腳下去，竟一命嗚呼了。有好心的人勸聶政快逃，殺人償命，何況殺的還是官府中人，不跑還能有好？

聶政只是笑笑，像沒事一樣照常營業。自從做了勇士，聶政就不知道「害怕」是什麼意思。傍晚，聶政收了攤子回家，遠遠地就看見白髮蒼蒼的母親倚在門口等他的身影。這樣的場景聶政每天都能見到，但那天，聶政的心猛地跳了一下，淚就下來了。

聶政改變了主意，帶著母親離開家鄉，躲到了齊國的一個小鎮。小鎮不大，沒有多少聊以餬口的營生，聶政只好重操舊業，屠狗為生。一間屋，一張桌，一把刀，寂寞是寂寞了點，但那又怎麼樣呢？只要母親過得安心，聶政也就知足了。

母親六十大壽那天，聶政掏出多日的積蓄，招呼左鄰右舍，擺了幾桌酒席，想好好熱鬧熱鬧。酒喝到一半，門外忽然響起了喧譁聲，一群衣著華麗的人走了進來。聶政一愣，自己除了劫過富濟過貧，還真沒跟有錢人打過交道。

「你們是做什麼的？」聶政抱拳問道。

「果真是一位壯士！」為首的把聶政上下打量了一番，頷首道，「我們也沒什麼事，就是聽說俠士的母親大壽，特趕來祝賀！」他說著，一揮手，身邊的人抬上禮盒，開啟，竟是滿滿的一盒黃金。

聶政皺起眉來：「我們既非親戚，也不是舊交，為什麼送這麼貴重的禮？」

來人遲疑了一下，說：「不瞞俠士，我來的確是有事相求。鄙人嚴仲子，本在韓國當差，有一天跟韓相俠累因為意見不合，拌了幾句嘴。想必俠士也知道，俠累是韓王的親戚，一向驕奢淫逸，耳朵裡容不得半點逆言，好多人都因為這個死在他的手裡。沒辦法，只好背井離鄉，逃到了這裡。但我嚥不下這口氣呀，我要殺了俠累，為國除害，懇請俠士助我。」

聶政邊聽邊搖頭說：「不是我不想幫你，可是你看看，我媽這麼大年紀了，我怎麼能拋下她不管呢？」

嚴仲子說：「這個好辦，令堂可以由我來照顧，俠士放心，我一定會像待自己的生母一樣待她。」

聶政擺了擺手，道：「父母在，不遠遊。我還是不能離開啊。」他說完，兩眼深情地望向母親。任憑嚴仲子怎麼動之以情，曉之以理，聶政堅辭不受，那盒黃金，聶政也緊追到門口，退了回去。

一年後，嚴仲子正在家中喝茶，聶政忽然風風火火地闖了進來，開口便說：「你要我辦的事，我今天幫你。」嚴仲子一愣：「俠士想通了？」聶政的眼圈立時便紅了：「我娘她……歸天了，我現在是無牽無掛。士為知己者死，承蒙你看得起我，我怎能袖手旁觀呢？」

嚴仲子聽了，心下大喜：「俠士打算什麼時候動手？」

聶政說：「夜長夢多，我現在就動身。」

嚴仲子又問：「需要多少助手？我派給你。」

聶政輕輕一笑：「不必了，人多嘴雜，反倒誤事，不如我一個人來得俐落。」說完，晃了晃手中的短劍，走了。

聶政是七天後趕到韓國的。相府夜裡守得嚴，白天管得鬆，聶政就找了一身侍衛的衣服換上，混了進去。

韓相俠累正在大廳裡喝茶，廳下是盔明甲亮的侍衛，戒備森嚴。聶政昂首晃過那些寒光閃閃的長戟，疾步走向俠累，邊走邊喊：「相國在哪？相國在哪？我有急事稟報！」

俠累伸長腦袋，想看清是誰這麼大膽，敢在廳前喧譁。沒等看清楚，聶政的短劍就出手了。一招致命。

侍衛半天才回過神來，有刺客啦！廳前一陣騷亂，刀光劍影，血肉橫飛。十幾具屍體倒下後，人卻越來越多，聶政有些抵擋不住了。

侍衛長叫囂道：「大膽刺客，竟敢刺殺相國，不知道要株連九族嗎？」

聶政哈哈大笑：「你知道爺是誰？」

侍衛長哼了一聲：「拿下你，不怕你不招。就算你嘴硬，暴屍三日，懸賞天下，還怕沒人認出你來？」

聶政朗聲道：「那你就試試吧。」

說完，揮手在臉上狠狠一劍，容貌頓毀，又一劍剖開腹部，五臟俱出。飛濺的鮮血，染紅廳堂。

送你一座黃金屋

如果不是母親過來，那天我們會玩得很開心。遊戲是捉迷藏，剪刀石頭布，輪到彘弟弟抓人了，我們嬉笑著四下散開。仲春的宮院，紅花綠草，柳絲芊垂，假山亭閣，曲徑通幽，找個藏身的地方太容易了。但我沒有像其他人那樣鑽到花叢和石縫裡，而是躲進了侍立的宮女寬大的袍子裡。哼，只要沒人出賣，足夠讓彘弟弟找到哭鼻子。

好戲還沒有開場，母親就來了，前呼後擁一大群人，立刻就讓宮院裡的氣氛緊張起來。我以為母親是來叫我吃飯的，看看太陽，午飯好像也不到時候，便很生氣。母親好像故意要打擾我們的遊戲，她興致勃勃地在涼亭的石凳上坐下來，四下看了看，就看見了蒙著眼睛的彘弟弟。

「彘兒，過來。」母親招著手，一邊差人解下蒙眼布，親暱地把他擁進懷裡，「彘兒長大了要娶老婆嗎？」

「當然啦。」彘弟弟一點兒也不害羞。

「那麼，」母親用手環顧四周，「這些宮女，你喜歡哪一個？」

「這些啊？」彘弟弟神色黯淡下來說，「這些我都不喜歡啊。」

「是嗎？」母親笑起來，「阿嬌，阿嬌呢？」她居然叫起了我的名字。

我不情願地從宮女的袍子裡鑽出來，噘著嘴，生氣地站到母親面前。

母親不理會我的神色，兀自抓起我的手，一把扯到彘弟弟面前，「彘兒，把阿嬌嫁給你當老婆，願意嗎？」

「阿嬌啊？我願意，我願意！要是阿嬌當了我老婆，我就用黃金造一座屋子給她住。」這個臭小子，色瞇瞇地盯著我，頭點得像雞啄米，一副不害臊的樣子。

我瞬間紅了臉，當著這麼多人的面談這個話題，太讓人難堪了些。不過說實話，我心裡還是很興奮的，不僅因為彘弟弟是個小帥哥，更重要的是他居然捨得為我造一座金屋。

事情就是這麼有趣，十多年後，彘弟弟真的娶了我，在他登上皇位的那一刻，我的身分便成了皇后，而我們的新房，那是你想都想不到的奢華，全由黃金打造。在那間闊大的金碧輝煌的屋子裡，我每天做的事就是煲一碗他喜歡喝的湯，然後靜靜地等著他回來，用溫情和愛撫為他洗去一天的疲乏。青梅竹馬，魚水歡愛，錦衣玉食，寶馬雕車，別的女人有的，我都有了，別的女人沒有的，我也有了。金屋裡的一時一刻，都讓我心蕩神馳，而邁出屋子，更讓我的心有了膨脹的快感。我能感受到那些來自面前和身後的目光，嫉妒、羨慕、嚮往、失落，像無數觸鬚，從每個角落裡伸出來，將我緊緊包裹。奇怪的是，在那張網裡，我絲毫沒有窒息的感覺，只有幸福。

如果時光這麼定格就好了。可是時光總是太像手中盈握的沙子，於不經意間點點流失，你越是想握緊它，它越是流失得更快。那個讓幸福的沙子流失的女人是叫衛子夫吧？平陽公主府的一名家奴，何德何能牽走了我青梅竹馬的丈夫。不，不光是丈夫，還有那座黃金打造的宮殿，那是隻屬於我的愛巢啊，六歲的時候，彘弟弟就把它送給我了。

可是，現在說這些有什麼用呢？舊人哭，新人笑，長門宮裡的漣漣淚水，也擋不住金屋裡的鼓樂笙歌。我想過了斷，既然金屋裡曾經的郎情妾意不在了，做一枝無根的葦有什麼意義呢？三尺白綾，上好的白綾，是他送給我作帷幔的，現在就懸在屋梁上，即將帶我回到那段無限眷戀的日子。

是貼身的宮女喚醒了我，她淚流滿面的樣子，像極了一朵帶雨的梨花。「皇后，您怎麼這麼傻啊！事情原本還是有轉機的，您這麼一走，什麼希望都沒有了。」這個女孩子，就像貼身棉襖似的，總能明白你身上的冷暖。但她不知道我心裡想的，哭過，求過，勸過，鬧過，我把自己高貴的尊嚴丟到了塵埃裡，換來的依舊是長門宮裡夜夜枯燈、日日孤影。心已死，還奢談什麼希望啊！

「皇后，陛下不是喜歡辭賦、青睞才子嗎？您為什麼不去找個人，把您的心跡表明出來？說不定就打動陛下了呢。」

我一驚，繼而一喜，是啊，自己怎麼沒想到呢。

找的人是相如，我打聽過了，還沒有哪個人的文采出乎其右。接下來就是翻箱倒櫃，收羅家底，然後豪氣沖天地把一封血淚心跡和一包沉甸甸的酬金交給了下人，「告訴司馬，讓他使出看家本事，拿出一篇千字千金的賦來。」

那幾天，我就像一個賭徒，把生命和一個女人全部的愛押在了那篇未知的賦上，日夜期盼著相如與文君情動天下的姻緣，能夠在自己身上延續。

相如的文采果然沒有讓我失望，這一點，我在彘弟弟讀完賦後溼潤的眼角中看出來了，彘弟弟顫抖著手，一遍遍囁嚅著一句話：「朕沒有忘，朕怎麼會忘呢？阿嬌，這些日子，委屈妳了。」

我的淚像決堤的江河，有委屈，也有寬慰。更讓我欣喜的，是彘弟弟拉著我的手，許下的承諾，他說：「這幾天，朕會抽出空，與妳在城南宮相會。」

為了這個承諾，我坐在了久違的梳妝檯前，當窗理雲鬢，對鏡貼花黃。我要把自己最美的一面，呈現給彘弟弟，為了那句讓我黯淡的心重新綻出新芽的承諾。

第一天，他沒有來，也許是政務繁忙吧。第二天，他沒有來，也許是國事紛擾吧。城南宮外，我把身子蜷成一團，目光隨著初升的太陽一起游移，直到寒風漸起，星河滿天。

日復一日。這是一個沒有結局的故事。在另一個世界，我看見這段故事成了很多人的話題。金屋藏嬌，人們喜歡這麼指喻。說說也就罷了，千萬別當成美談，那會羞煞妾身啊。

唉……

牧羊灘頭一闋歌

我到匈奴的那天，風很大，漫天捲起的黃沙讓人睜不開眼。「還有這麼荒僻的地方啊？」隨從一邊拍打著滿身的沙塵，一邊嘆氣。「長亭外，古道邊，芳草碧連天」，家鄉的那些繁華，在這裡連個鬼影也找不到，我的腳下除了黃沙，就是荒草。

一陣高亢的號角把我的思緒拉回了現實。眼前出現了一隊人馬，瞅那樣子，不像是來打仗的。他們的手裡只有旗幡，沒有兵器。為首的衝我一抱拳，我就愣了，是李陵，飛將軍李廣的長孫。

李陵曾跟我同朝為官，遺憾的是後來骨頭缺鈣，拜向了匈奴，從名將李陵變成了漢賊衛律。我生平最恨的就是這些叛徒了，綠頭蒼蠅似的，逐臭追腥。我指著衛律的鼻子，剛想發火，手中的符節讓我猛然想起了自己的使命。我身為大漢的中郎將，此次受漢武帝之託，出使匈奴，為的是家鄉的和平，不是來鋤奸的。

我定了定神，慢慢還了一禮，不卑不亢道：「原來是衛將軍啊，別來無恙？」

衛律的臉忽地紅了，雖是降將，但衛律還是在我面前表現出畢恭畢敬的樣子。他跳下馬，拉著我的手，親熱得像是一對兄弟：「單于派我在這裡恭候將軍多時了，請！」

在衛律的引領下，我們來到了王宮。我已經想好了對策，知道怎麼去對付那個凶殘的單于。想當年，在朝廷上與群臣激辯，那麼多人都敗在了自己不爛舌下，擺平一個小小的單于，應該不在話下。

讓我沒料到的是，單于根本就沒有接見我們。接見我們的地方是館驛。館驛布置得很奢華，裡面日日觥籌交錯，夜夜歌舞昇平。

我坐不住了，詢問陪伴的衛律：「單于到底什麼意思？把我們安置在這麼一個鬼地方，卻不召見我們，難道我們是來吃喝尋樂的？」

衛律笑了，眼角眉梢爬滿了狡黠：「將軍，單于早就聽說了您的才華和威名，一直想把您留在身邊，現在機會來了，不知道您肯不肯抓住？」

我吃了一驚：「單于他……原來並沒有講和的誠意呀。讓我跟你一樣，屈節辱命？那樣的話，即使活著，還有什麼臉面回到漢廷呢？」說完，我拔出了佩劍。

衛律忙把我抱住，一邊假惺惺地勸慰，一邊派人騎快馬去找醫生。

我的傷勢漸漸地好了。單于依然沒有接見我的意思，卻派衛律轉告了一個讓我震驚的消息，我的副使張勝已經被殺了。

「違背單于命令的人，只有死罪。」那天，衛律捧來一件錦袍，繼續遊說，「想我衛律歸順匈奴後，幸運地受到單于的大恩，賜我爵號，讓我稱王。我現在擁有奴隸數萬，牲畜滿山。將軍今日投降，明日也是這樣。白白地把自己葬在他鄉，又有誰知道你呢？」

望著衛律那副嘴臉，我忽然從骨子裡生出一絲憐憫來：「自古君臣如父子，大臣效忠君王，就像兒子效忠父親。你做了人家的兒子，難道也要我這麼無恥嗎？我看你存心就是盼著大漢和匈奴互相攻打，陷黎民於水火。匈奴滅亡的災禍，恐怕要從你開始了。」

衛律的臉上紅一陣，白一陣，豬肝似的。他一拂袖子，氣呼呼地走了，大概是去找單于，添油加醋地說我的壞話了吧。我一陣冷笑。

後來的事情證實了我的判斷。一個心眼不錯的看守偷偷告訴我，衛律果然在單于面前進了讒言，把單于的臣子們鼓動得群情激憤，紛紛要求處死我。好在單于不惱，單于捋著髭鬚，冷笑著說：「我看就讓他到北海放羊吧，什麼時候等他放的那些羊生了小羊，就放他回家。」衛律起初有些不情願：「羊一年二胎，他這麼羞辱我們，半年就放他回去，這處罰是不是太輕啦？」單瞥瞟了一眼衛律，像是回答又像是自言自語地說：「他這樣的人，怎麼會甘心去放羊呢？寡人有的是時間等他。」

說這話的時候，單于、還有我，我們大家也許都沒有想到，這一等，竟是十九年！

十九年裡，我一個人被流放到北海。北海荒無人煙，車馬難行，糧食根本運不過去，很多時候，我只能跟野鼠們去爭糧食，把牠們儲藏的食物挖出來果腹。冬天，天降大雪，我就蜷縮在地上，把雪和氈毛一起吞下充飢。那段漫長的日子，陪伴我的，只有那根大漢的符節，雖然符節上的犛牛毛都掉光了，可我還是不忍心丟掉。每天天一亮，我就拄著它來牧羊，羊在荒灘上吃草，我就坐在荒灘上，想念「芳草碧連天」的家鄉。

西元前87年，漢昭帝即位。幾年後，匈奴和漢達成和議。漢廷向單于索要被扣押的使者，我終於得以歸還。

回來後，我沐浴更衣，上殿拜見漢昭帝。漢昭帝身邊的寵侍斜睨著我，悄悄地伏在他耳邊，低語了幾句。漢昭帝遲疑了一下，問跪著的我：「朕聽說，匈奴的單于要你牧羊，說是你牧的羊生了小羊，就放你回來，是這樣嗎？」

我點頭道：「是，陛下。」

漢昭帝大惑不解：「據朕所知，羊的繁殖期很短的，你怎麼會在匈奴待了十九年呢？」

我抬起頭，環顧了一下滿朝的文武，然後望向漢昭帝，一字一句悲憤地說：「回陛下，臣在匈奴，無一日不是歸心似箭。可是，狡詐的單于，給臣放牧的，都是些公羊啊！」

言畢，順了順滿頭白髮，潸然淚下。

誰成就了你繁華一世的江山

那一年，我終於請出了孔明先生。

孔明站在我的朝堂上，一襲白衣，清清瘦瘦的，宛如荒原上的一株高粱，風吹過，柔弱得就要倒伏的樣子。沒有人拿正眼看他，這個在江湖上有著「臥龍」稱號的年輕人，不過二十七歲，只比我的長子曹丕長六歲，一干久經戰陣運籌帷幄的文臣武將，誰的眼裡會裝下一個茅草屋裡走出的書生？

但我還是由衷地高興。當時，我剛剛失去了謀士郭嘉，心裡的痛橫衝直撞，總也找不到安放的地方。中原大地，千里沃土，一寸一寸帶血的江山，歸於我的麾下。但我想要的不止於此，我想仿效始皇，一統天下。沒有了郭嘉，願望實現怕要推遲十年啊。

現在好了，水鏡先生曾說：「臥龍鳳雛，得一可安天下。」我望著眼前的孔明，想著終於可以放下失去郭嘉的痛了。

孔明說：「統一天下，先要拿下劉備和劉表，占領荊襄九郡，開啟通往東吳的門戶。」這正是我想做的，劉表雖然昏庸無能，但劉備不一樣，八年前，許都青梅煮酒，埋下了久除不去的禍根。正好，也趁此機會試試這把牛刀。

領兵的是夏侯惇，孔明任首席謀士。

博望坡一仗回來，夏侯惇就在我面前氣炸了：「丞相，快讓那個小白臉回去種田吧。」身為武將的領袖，夏侯惇雖說生性傲氣，但也不至於一場仗下來，就將相分裂成這樣吧？

「到底怎麼啦？」我問。

「怎麼啦？」夏侯惇揮著手，像個村婦似的開始抱怨，「我好好的十萬大軍，追著劉備萬把人馬，一到博望坡，那個什麼臥龍就把我攔住了。說劉備是丞相曾誇過的英雄，手下必定能人眾多，博望坡不能進，進去必遭火攻。你說，這傢伙是不是長他人志氣，滅自家威風？不是丞相叮囑，我真想臨陣斬了他。」

「後來呢？遇到火攻了嗎？」

夏侯惇的嗓音提高了八度：「哪有什麼火攻呀？到處都是水，連個火星都沒見到。」

我召見孔明，問他對此事的看法。孔明說：「博望坡裡有水不假，但水裡全是成熟的蘆葦。隨便一個謀士幫劉備出出主意，使用火攻，十萬大軍必有去無回。」

是個謹慎的人。我默默地點了點頭。

接下來，我親率二十萬大軍兵發新野。這一次，曹仁為先鋒，孔明為謀士。

三天後，在新野見到曹仁的時候，他第一句話不是報告戰況，而是跟夏侯惇一樣，不停地抱怨：「丞相，夏侯將軍說得沒錯，那傢伙就是個銀樣鑞槍頭——中看不中用。我的五萬大軍一到新野，劉備望風而逃，留下一座空城。孔明居然攔著我死活不讓我進去，說是其中必有詭詐。就劉備那點人馬，在我五萬鐵騎面前，能玩什麼狗屁詭詐！」

「他說是什麼詭詐了嗎？」我好奇地問。

「那烏鴉嘴說晚上大軍鬆懈的時候，一旦劉備使用火攻，新野就成了我們的火葬場。」曹仁一臉不屑。

後來，我又問孔明，為什麼堅持認定劉備會用火攻？

孔明說：「劉備那樣的人，坐擁天時地利人和，居然沒用火攻，這才是讓我們驚訝的事呀。」

這話我就不愛聽了。不錯，青梅煮酒時，我確曾說過：「天下英雄，唯使君與操耳。」但那不過是一句客套。就劉備那樣，投呂布靠袁紹傍劉表，整日寄人籬下，連塊地盤都沒有，也算一個對手嗎？

但我還是對孔明客氣著，亂世用人，唯才是舉，其他都不重要。孔明的一番隆中巧對，我還是認可的。

這一年冬天，劉備退守夏口，我率著二十萬大軍收蔡瑁滅劉琮，風捲殘雲，陳兵赤壁。劉備、孫權，我想跟二人會獵東吳，玩一場貓捉老鼠的遊戲。

北方人不善水戰，但我有的是戰船，有的是出謀劃策的謀才士。「鳳雛」龐統就出謀劃策，把一條條孤舟用鐵索和鉚釘繫在一起，上面鋪上木板，宛如平地。不要說人，我的戰馬都能在江上跑了。始皇的偉績，再也不是夢想了。

誓師大會上，我正慷慨激昂，孔明卻不合時宜地出現了。「丞相，戰船不可以這樣連在一起。一旦劉備和孫權使用火攻，船和將士就成了靶子啊！」

「火火火……」我揚起手中槊，指著孔明，吼道：「先生出山以來，逢戰必言火。你到現在見到一把火了嗎？前兩次我還以為先生謹慎，可現在，數九寒天，刮的西北風。一旦用火，燒的也是孫劉，你可明白？」

孔明搖了搖頭：「丞相，我夜觀天象，近日風向有變。」

「大膽！」我火冒三丈，這傢伙為了上位，簡直瘋了，不分場合讓我難堪，「我敬你是個人才，今天不殺你。你從哪來回哪去吧！」

孔明還想爭辯。我一揮手，幾個侍衛衝上去拖走了他。

多年之後，我還是會想起赤壁這一幕，這該是我一生中最失敗的一次決定。我趕走孔明後，天真的就颳起了東南風，一場漫江大火燒去了我半生榮耀。

我也嘗試著尋找孔明，卻再也找不到了。

「得臥龍者安天下。」而我，得到的時候沒有好好珍惜。如今，英雄遲暮，怕是再也看不到那一天了。

給人生一個驚豔的假設

其實我只能算個島主。因為我的國土是一座孤島，它就像一隻被同伴遺棄的鳥，孤獨地飄零在茫茫的大海裡。如果不是父王曾經告訴過我，如果不是讀過書看過地圖，我會以為世界就這麼大了。

我的島民靠捕魚為生，生活日日祥和，夜夜安寧，完全是一副世外桃源的樣子。當年，父王退位時，曾對我說：「管理這樣的國家會很輕鬆。你不必大興土木修建監獄，也不必興師動眾招兵買馬。你只需逢年過節帶領他們做做祭祀，拜拜祖宗，這就夠了。」

從父王手裡接過王冠時，我偷偷地笑了。我喜歡這樣的生活，每天待在宮裡，讀讀書，作作詩，累了就讓大臣們陪著，在島上走一走。

平靜的生活是在一次行走中被打破的。那次，我輕車簡從，深入島民中與民同樂。臨走，我問了他們一個問題：「你們對現在的生活滿意嗎？」出乎我意料的是，沒有一個島民點頭。倒是一位年老體衰的島民大著膽反問：「陛下要聽真話嗎？」我說當然。於是他說：「現在的生活也挺悠閒的，只是，日日補魚晒網，什麼時候才能像獅國那樣富有啊？」

獅國是離我們最近的一個國家。我沒有去過，只是聽幾個捕魚路過那裡的島民說，那是一個富足的國家，民眾飲食豐盛，衣著華麗，連捕魚都是坐著很大的船，而且不用手划。

回到王宮，我問智臣：「怎樣才能讓島民像獅國那樣富裕？」智臣想了想，小心翼翼地說：「陛下，有兩個辦法。一是賣了我們的鎮島之寶——王冠上的明珠，還有就是征討獅國，分享他們的財富。」

我搖了搖頭，對智臣的回答很不滿意。王冠上的明珠是父王傳下的，怎麼可以賣呢？至於打仗，弄得生靈塗炭，民不聊生，也不是我所願的。

致富的問題還沒有理出頭緒，麻煩又來了。島民報告說，獅國的漁船侵入到我們的海域，強搶資源。我聽了不以為然，不就是跑來這裡捕點魚嗎？海裡的魚多的是，我們也吃不完，捕就捕吧。不久又有報告，說獅國的人不僅強搶資源，還占領我們的海域，不允許我們的島民出海捕魚。

這就沒有道理了。海域是我們的，我們反倒沒有出海權了，也太欺負人了吧！我問智臣該怎麼辦。智臣說：「人善被人欺，馬善被人騎，陛下應該馬上下令，招兵買馬進行反擊。」「可是，我們沒有錢啊？」我皺著眉說。「陛下難道忘了那顆明珠了？」智臣提醒道。我猶豫了一下。

「陛下，」智臣有點急了，「皮之不存，毛將焉附？如果國土沒有了，明珠又怎麼保得住呢？」

這個道理我懂。我把心一橫，聽從了智臣的建議。明珠賣後，智臣出主意讓我詔令全國：「凡應徵入伍者，賞金幣一枚，殺敵立功者，賞金幣十枚，退敵者，無論身分地位，一律招入宮中，封侯封地。」

我得承認，智臣的主意是對的。詔令頒布幾天後，島上能拿得動棍子的男人都來了，群情激憤，一呼百應。儘管他們沒有經過訓練，盾不堅矛也不利，卻一戰成功，殺得獅國落花流水。

得勝後，我想收兵，智臣不同意：「陛下，您應當一鼓作氣拿下獅國，別忘了，島民還等著過上富裕的生活呢。」「可是，我島國世代與人相安，侵略不是有違祖訓嗎？」我不太贊成智臣的意見。智臣勸道：「是他們先侵略我們的，無所謂有違祖訓。況且他們戰敗了，肯定不會善罷甘休，不乘勝追擊便是縱虎歸山。」

想想也是。於是犒賞三軍，再戰，一鼓作氣占領了獅國。按照詔令，我把獅國的財富全分給了島民。

拿下獅國，我的心態也發生了變化，智臣說得對，我現在再也不是那個孤島的國王了，我應該做世界的王。

我像當年那個自稱秦始皇的人一樣，不斷地拿出鉅額的懸賞，號令島民縱橫天下，威加四海。不到兩年的工夫，我的島民就相繼占領了虎國、豹國、熊國、狼國。至此，世界上除了貓國，全都成了我的天下。

貓國是個小國，它的面積並不比我的孤島大多少。而現在，我的島民不但兵強馬壯，而且裝備精良，一舉拿下貓國應該不是難事。只是連日征戰，島民已經十分疲憊，我打算休整一段時間，再下令出兵。智臣卻不這樣想，他說：「用兵貴在一鼓作氣，再而衰，三而竭。我也知道部隊很疲憊，但我們可以提高懸賞金額，重賞之下必有勇夫，望陛下三思。」

那就照辦吧。出征那天，我沒有親征，而是派智臣去了，智臣說：「殺雞焉用牛刀，陛下，您就在家坐等著勝利的消息吧。」

我就等著。一個月後，王宮外響起了隆隆的炮聲。一定是智臣凱旋了，我顧不得更衣，興沖沖地去迎接。可是一出宮，我就傻了，那些嚴陣以待的士兵根本不是我的島民，而是貓國的軍隊！我的智臣，正被他們五花大綁地押在囚籠裡。

我拔出佩劍，想殺過去。沒有用。貓國的士兵們很快地將我圍了起來。

被俘後，我忍不住問貓國的國王：「我的島民那麼勇猛，武器那麼先進，你們是怎麼打敗他們的？」

那位年輕的國王笑了笑，不說話，而是揮手讓他的士兵推來一位被俘的島民，然後開啟了他的背包。

那一刻，我驚呆了。那個用來裝武器的背包裡，裝的竟然是滿滿一袋子金幣！

名醫耍大牌

早上一起床，我便開始忙碌。我先是差人找來幾個宮女，又找來一個舉手投足酷似宮女的太監，然後把他們藏在帷幕之後。侍者們跟在身旁，茫然不知所措，平日裡他們挺能察言觀色，揣摩我心思的，可是現在，他們猜不出我的葫蘆裡賣的是什麼藥。

「去，把郭玉召來，朕要跟他玩個遊戲。」望著侍者懵懂的樣子，我在心裡一陣竊笑。

郭玉是才從基層推薦上來的，推薦的那個傢伙說，郭玉擅長診脈，一診而知百症，繼而對症下藥，藥到病除。這話聽著耳熟，很像那些遊走江湖推銷狗皮膏藥的騙子們打出的廣告。我搖頭。我的太醫院裡太醫成群，個個身懷絕技，可還沒人敢誇這個海口。郭玉到底是騾子是馬，我想遛遛。

郭玉很快就來了，一身便裝，背著個藥箱，白白淨淨的，模樣倒是很端正。「郭玉，」我開門見山，「聽說你擅長診脈，今天朕的幾個妃子身體不適，你來看看如何？」

郭玉諾了一聲，匍匐著，爬到厚厚的帷幕邊，開始把脈。我看見他瘦弱的身子不停地抖動，像是很冷的樣子。畢竟是基層來的，沒見過大世面，我在心裡一陣冷笑。

郭玉把脈把得很快，似乎一摸便知道了結果，把到第三個人，郭玉停下來，皺起了眉頭。

「怎麼啦？」我問。

「陛下，這幾位都是妃子？」郭玉沒答我的話，反問道。

我點頭。

「可是，」郭玉猶疑了一會，終於鼓起勇氣說，「脈有陰陽之分，臣觀這個人的脈象異常，不像是女人。」

我一驚，撩起帷幕，果然是那個太監。

「先生真是神醫啊！」我一把抓住郭玉的手，不停地搖著，「從今天起，朕批准你進入太醫院了。」然後，望著目瞪口呆的郭玉，哈哈大笑。

不過，那件事之後，郭玉還是漸漸地淡出了我的視野。倒不是我忘了他，我這人忙完公務，常常喜歡帶著隨從，出去打打獵、賽賽馬，身子壯得像頭牛，極少給太醫們一展身手的機會。

再次聽到郭玉的名字，源於侍者們的一次告狀。那天，我正跟皇后聊天，一個侍者跌跌撞撞地跑進來，稟道：「陛下，不好啦，太子鬧肚子了。」

太子是皇后所生，皇后一聽就跳了起來，急忙說：「快去找太醫啊。」

「對，」我也急了，「就找那個郭玉，讓他去把把脈。」

「陛下，」侍者呼哧呼哧地喘著粗氣，像是剛剛跑完馬拉松，「奴才說的就是這個郭玉，奴才去找他為太子診治，他竟然仗著陛下曾口頭表揚過他，不但不願到宮裡來，還要太子換成老百姓的衣服，自己去他的診所。」

「有這種事？」皇后不顧威儀，叫了起來，「這個郭玉居然敢到皇宮裡耍大牌。誇他兩句就得意忘形成這個樣子，有了功勞，尾巴還不翹到天上去？傳侍衛，把他拉出去砍啦！」

我忙擺手，阻止了正在氣頭上的皇后。殺一個郭玉就像踩死一隻螞蟻，我想知道的是，郭玉為什麼要這麼做、為什麼敢這麼做。於是，我命侍者準備了兩套百姓的衣服，我想帶著太子，親自到郭玉的診所一趟。

診所就設在皇宮外的一條小河邊，說是診所，其實就是一間茅草屋而已。我們趕到的時候，診所外已經排起了長龍，看來生意還不錯。隊伍裡清一色的粗布衣衫，分不出高低貴賤。我帶著太子剛想進屋，沒想到群眾騷動起來，一群人揮著手，叫我們不准插隊。我又氣又想笑，看看身上的衣服，唉，既然把自己扮成了百姓，那就排隊吧。

一炷香的工夫，終於過去了。太子進去後，我就在外面等著，我不想嚇到郭玉，治不好太子的病，我有的是辦法治他。

太子很快就出來了，臉上是陽光般明媚的笑。

「怎麼樣?」我問。

「好了!」太子拍著肚皮，歡快地跳起來。畢竟是個孩子。

「怎麼治的?」我將信將疑。

「把了把脈，然後扎了三針。」太子的語氣很輕鬆，完全沒有以往打針吃藥時鬼哭狼嚎的慘相。

「這麼簡單?」我比第一次跟郭玉打交道時還要吃驚，看來，這傢伙還真有兩把刷子。

可是，我還是有點轉不過彎來，畢竟，郭玉他擺弄的是太子，大漢的準皇上。「溥天之下，莫非王土;率土之濱，莫非王臣」，他憑什麼這麼大膽?

我跨進了診所，想讓郭玉給我一個說法，不然我的面子往哪裡擺?郭玉的記性還不錯，立刻就認出了我。他慌忙丟開手裡的東西，一揖到地。

我沒有扶他，也沒有讓他起來的意思，我想給他點顏色瞧瞧：「郭玉，朕聽說你最近開始耍大牌了，太子召你進宮看病，你非但不去，還要太子到你的診所裡來，來就來吧，還得換上什麼百姓的衣服，有這件事吧？」

「回陛下，有。」郭玉居然理直氣壯地回道。

「哦，那你給朕一個理由。」我的臉色立時沉了下來。

「是這樣的，陛下。」郭玉往前湊了湊，直起了身子，「臣以前在鄉下行醫，每天打交道的都是些平頭百姓，整日裡嘻嘻哈哈無拘無束，手術時心裡自然也就無波無瀾，平平靜靜。但在京城就不一樣了，尤其是進了皇宮，面對的都是龍鳳之尊，地位的落差，讓臣在診療時，心裡常感不安，甚至產生恐懼，以致畏首畏尾，不敢大膽治療，生怕一時失誤引來禍端。陛下您說，這樣的情境，於醫於患是不是都太過殘酷啦？」

原來是這樣啊，望著郭玉那張真誠的臉，我長呼了一口氣，豁然開朗。說真的，如果不是礙於萬聖之尊，我真想上去擁抱他一下，這個郭玉。

發生在宋朝的醫療事件

先生一進講堂，我就發現他的腳有點異常。雖然先生拄著怪障，抿著唇，努力想把異樣掩蓋起來，但他微跛的樣子和每走一步臉上顯露出來的痛苦表情，還是逃不過我的眼睛。

我下了課，就獨自去找先生，我想弄清楚原委。先生正一個人坐著，往腳上貼著黑漆漆的膏藥。看見我，忙把衣襟放下。我的心一疼：「先生，您還怕我看見嗎？」我從十多歲開始跟著先生念書，這麼多年，情同父子。

先生的臉紅了，略顯尷尬地笑笑：「也不是，我就是……怕你們擔心。」

那天，先生告訴了我詳情。原來，先生早些年得過腳氣病，一直沒有除根，只不過原來沒有發作，不影響生活罷了。前幾天，先生接了邀請，又出去演講，回來的路上，淋了大雨，腳氣病發了作，疼痛難忍。

我勸先生：「那就去看醫生啊，光貼膏藥有什麼用？」

先生搖搖頭：「你還不知道嗎？城裡就那麼幾家醫院，還都是些治療頭痛發燒、腹瀉拉肚的，遇到這麼個疑難雜症，醫生也頭痛啊。」

也是。

「要不，我們找江湖郎中試試?」我提議道。

先生沒有點頭，也沒有搖頭。他大概是真的沒轍了。

於是，我便開始找。利用課餘的時間，約了幾個要好的同學，在城裡地毯式搜尋。幾天下來，連個江湖郎中的影子也沒見到。同學提醒說，城裡人大都不相信遊醫，不如到鄉下去找。幾個人又尋到鄉下，別說，還真的找到了。是位姓程的遊醫，扛著白幡，上面寫著：祖傳祕方，專治腳疾。還是個專家呢，我們相視一笑，就他啦。

先生初見程遊醫，有些猶豫：「我的病城裡的醫院都看不好，不知道程先生有什麼高招?」

程遊醫從隨身的箱子裡掏出幾根長長的銀針，還有幾個口小肚大的罐子，說：「方法倒也簡單，針灸，外加拔罐。」

「針灸術?懂針灸先要懂穴道，看來程先生還是位高人哪。」先生一喜，如遇知音的樣子。然後把衣襟一撩，「來，死馬權當活馬醫，我這隻腳就交給你了。」

子，真是判若兩人。

我們都笑起來，沒想到這個時候，先生還有心思開玩笑，跟講堂上正襟危坐的夫

針灸的時間不算很長，三炷香的工夫。程遊醫把銀針和罐子從先生身上取下來時，我們都瞪大了眼睛，望著先生。先生慢慢地從炕上爬下來，揉揉痠痛的腰，在屋裡試著走了幾步。起初還拄著拐杖，小心翼翼的，慢慢地就加快了步伐。到後來，竟然連拐杖也丟掉了，像個孩子似的在屋裡跳了兩下，叫道：「好啦！我的腳真的好啦！程先生真是神醫啊。」

先生邊叫邊抓住程遊醫的手，用力搖著，眼角竟然掛上了淚花。這是我第一次看見先生流淚，而且還是喜悅的淚。付診療費的時候，先生在屋裡翻箱倒櫃，找出一包銀子，拎了拎，一股腦塞到程遊醫懷裡。那大概是先生這個月的夥食費吧？我估計著，足有診費的十多倍。看來，先生這個月又要啃饅頭配鹹菜了。

把程遊醫送到門口，先生忽然又想起了什麼，叫住程遊醫道：「不行不行，不能讓你這麼空著手走。我得寫首詩，聊表謝意！」

我們一驚，先生雖然寫過不少詩，卻很少拿來送人的，即便是本地的縣長廳長，也

在他面前碰過不少釘子。先生這次大概是真服了程遊醫了。

先生就寫了，是首七絕：「幾載相扶藉瘦筇，一針還覺有奇功。出門放杖兒童笑，不是從前勃窣翁。」文不加點，一氣呵成。程遊醫拿著詩，激動得直點頭。我不知道他能不能讀懂這首詩，但至少他該知道這首詩的價值的，因為來的路上，我告訴過他，先生就是重量級人物級的學問家朱熹。

送走程遊醫，先生餘興未了，竟然給我們放了兩天假。先生說，兩天後，他要為我們來一堂演講。

兩天後，我們整整齊齊地坐在講堂裡，等著先生。左等不來，右等不來，到最後，卻等來了他的家人。家人急急忙忙地通知我們，課上不成了，先生足疾又復發了，而且比以前還要嚴重。

我們嚇了一跳，慌忙趕到先生家。先生果然躺在床上，不停地呻吟。怎麼會這樣呢？我們問先生。先生說：「我們都被那遊醫給唬弄了，那傢伙，治標不治本，害人不淺呀！」先生說這話時，咬著牙，恨不得把遊醫碎屍萬段。

接下來，先生要我們分頭去找，一定要把遊醫給找回來。整整三天，我們全班同學把城裡和附近的村子翻遍了，也沒見到遊醫的身影。這傢伙，定是打一槍換個地方，走了。

先生不依，先生說：「找，哪怕找到天涯海角，也一定要把他找到。」

我猜，先生大概是心疼他的錢了。一個月的夥食費呢，白白打了水漂，換作是誰不心疼？我勸先生，「既然已經這樣了，我們還是放寬心吧。錢沒了還可以再賺，身體要緊。」

沒想到，先生急得一拍腿，嘶啞著嗓子大聲說：「傻孩子，你以為我是心疼那點錢呀？我只是想追回那首贈詩。不然，他拿著我的詩到處招搖撞騙，貽誤患者，我豈不是成了幫凶，罪莫大焉？」

紅顏

探子把消息報給他時，他吃了一驚。他原想著退下來的，以為不過是些散兵遊勇，沒想到竟會是十萬金兵。看看自己統率的，算上那些後勤的夥伕，也才只有八千人馬。

不是他怕，從穿上軍裝的那一刻，他就把腦袋綁在褲腰上了，生死於他來說，就像是從一間屋子閒逛到另一間屋子。他心疼的是他的兵，一個兵的背後站著一個家庭，八千士兵若是橫屍沙場，他還有何顏面去面對一片哭聲？

他的目光游移著，落在了夫人紅玉臉上。從跟紅玉在土地廟相識，他們就並著肩站在沙場上了。很多時候，紅玉就像是一個羅盤，在風沙瀰漫的荒野裡為他指引著方向。

紅玉握住了他的手，笑著，不說話。這是她的習慣動作，不管外面是風，還是雨，她都喜歡握著他的手，告訴他，他不是一個人在面對，而是兩個人。紅玉鬆開手走出大帳，一盞茶的工夫又折回來。他看見，她的手裡多了一隻盤子，盤子裡堆著滿滿的白沙。

「這是什麼？」他是個粗人，紅玉腦袋裡那些千奇百怪的念頭，需要他像個小學生一樣坐下來，仔細聆聽，才會明白。

「你看——」紅玉指給他看。他這才發現，細沙裡還有一隻蟲子，小小的，卻頑強地爬著，不知疲倦。紅玉抓了把沙，把蟲子埋了，過了一會，蟲子又鑽出來，精神抖擻。

「知道嗎？」她說，「如果盤子裡是泥土，也許會成了蟲子的墳墓，但沙子沒有凝聚力，就算是一條小小的蟲子，它也埋不住。打仗也一樣，現在的金兵，人心渙散，跟這盤沙子沒什麼兩樣。」

他的眼前一亮，那盤沙子成了他的定心丸，讓他在排兵布陣的時候，沉著鎮定得一如坐擁了雄兵百萬。

戰局一開始打得很順，金兵像是驚弓之鳥，在他虎狼般的士兵面前，還沒來得及抵抗，便被趕鴨子似的困進了一個叫黃天蕩的地方。黃天蕩裡看似寬敞，實則是一個甕，唯一的出口被他的戰船堵得死死的，就等著伸手捉鱉了。可金兵的統帥兀朮沒那麼好對付，這個見過大場面的傢伙，很快便摸清了他的實力。

接下來是一場惡戰，瘋狂的金兵像一群受傷的野獸，發起了攻擊。他的兵漸漸地顯出了疲態，這讓他焦躁起來，如果不能鼓舞士氣，勝負就成了未知數。一場車輪戰結束的間隙，戰場上出現了短暫的寧靜，他看見士兵們七歪八倒的樣子，鬆軟得像是被抽去了筋骨。

鼓聲就是在這時候響起來的。先是不疾不徐，像是一匹剛剛踏出圍欄的戰馬。繼而變得密集起來，由遠及近，雄渾沉厚，撼人心魄。持鼓槌的是他的紅玉，這個嬌俏的女子，本可以跟其他女子一樣，偎在溫香暖玉的閨閣裡刺刺繡，聽聽笙歌。而此時，她卻身披軟鎧，在密如蝗的箭雨裡為他召喚著士氣，置生死於度外。

鼓聲整整持續了四十八天，金兵也整整被圍困了四十八天，他終於在那場力量懸殊的對決中贏得了勝利。

接下來該總結了吧，該彙報了吧，該等待封賞了吧？可是，他沒有料到，等來的卻是紅玉的彈劾。紅玉在親筆書寫的奏章裡，那麼決絕地把他的失誤拿放大鏡對映出來，而把他捨生忘死贏來的勝利踩在腳下。

不就是金兵的頭目兀朮跑了嗎？他想不通。這個同床共枕的女人，舉手投足像是一道謎題，總是在他的生活裡不斷製造著意外。

他開始對紅玉冷臉相待，身為男人，沒有動拳腳，他覺得夠給她面子了。紅玉卻不惱，依然回敬著溫和的笑，逼急了，便沒頭沒腦地丟一句：「這輩子，能和你待在一起，就是幸福。」這句簡簡單單的話，直到後來，他的好友岳飛因「莫須有」的罪名飲恨含冤，他才慢慢地懂得了她的心，知道她是因為愛他，才不願讓他浸淫功名。於是，他辭官，攜了紅玉歸隱田園。

沒事的時候，他喜歡望著天，傻傻地想：「都說紅顏是禍水，說這話的，大概都是些沒能娶到好老婆的男人吧？」然後是一陣痴痴的笑。

飛越紫禁城

正德皇帝朱厚照最近一直在為自己的身分犯愁。皇帝的冠冕像一把沉重的桎梏，整天壓得他喘不過氣來。他的理想不是衣冠楚楚正襟危坐的廟堂，而是八千里路雲和月的遠方，是橫刀立刻快意平生於百萬軍中取敵將首級的將軍。為此，這位二十七歲的帝王已經整整準備了兩年。

兩年來，朱厚照一直沒怎麼閒過，他每天從御林軍裡挑選一幫士兵，在宮裡習練騎射，操演陣法。經常有人看到這位萬乘之尊的皇帝，跟士兵們摔抱在一起。這種行為忙壞了那幫御史，罵人的奏章像雪片似的砸向朱厚照的御案，說他這是耽於嬉戲不務正業，是在拿大明的江山開著並不好笑的玩笑。在他們看來，如果大明的江山是一條船，那麼皇帝的工作是當好舵手而不是搖槳或者撒網。

正目也好，側目也罷，朱厚照不在乎。他依然故我地把自己操演成了一位將軍，或者說，他自己覺得已經具備了飢餐胡虜肉渴飲匈奴血的將軍資格。

然而，一切都沒有什麼意義。因為他現在連紫禁城的大門都出不去。

他的老師楊廷和，還有內閣大臣梁儲、蔣冕，這幫年屆十旬的老傢伙，早就洞悉了他的那點小心思。他們派了一幫人像狗皮膏藥似的黏著他，讓他逃無可逃。朱厚照想不明白，出去當個將軍怎麼了，領兵打個仗又怎麼了，自己又不是一隻鳥，憑什麼被你們圈在牢籠裡按部就班吃喝等死？

很快就有辦法了。和朱厚照一起操練的那幫武士裡，有一位叫江彬的將領，鬼心眼多得像蜂巢。他鼓動朱厚照偷偷換掉了德勝門的守衛，然後在一個月黑風高的晚上，換了便裝，策馬如飛逃出了紫禁城。

第二天一早，消息傳來，內閣大臣梁儲、蔣冕，兩個老頭子當時就嚇哭了。能不哭嗎？那時距土木堡之變明英宗被俘還不到七十年，朝臣聽到皇帝外出就忍不住神經過敏。

不過這哭聲，朱厚照是聽不到了。他像一隻脫籠的鳥，在屬於他自己的天空翱翔著，自由地呼吸著紫禁城外的空氣。

「皇上，我們要去哪？」江彬問。

「出居庸關！」朱厚照甩著馬鞭，意氣飛揚。

江彬嚇了一跳：「居庸關外可是蒙古的鐵騎呀？」

「我的就是那幫傢伙！」朱厚照神情亢奮。

居庸關前，兩個人跑不動了。守關的人是巡關御史張欽，他抱著朱厚照親賜的寶劍，坐在關門旁，任誰在他耳邊威逼利誘，只冷冷一句：「敢言開關者，斬。」

朱厚照像一隻無頭蒼蠅，騎著馬在關門前來回打轉，一邊指揮江彬大聲叫門。江彬衝著關門喊：「張欽，陛下有旨，開啟關門，賜三品侍郎！」

居庸關前一片沉寂，沒人回應。江彬又提高了嗓音：「開啟關門，賜二品尚書！」

關門依然沒有動靜。江彬有些惱羞成怒，吼道：「大膽張欽，竟敢抗旨！難道你就不怕腦袋搬家嗎？」

回答他的除了回音，就是一兩聲孤獨的鳥鳴。張欽靜靜地坐在關門內，安之若素。關門不開，皇帝不能出關，他違抗天子命令，罪當死；開啟關門，放皇帝出關，萬一出什麼事，罪也當死。兩難之間，張欽選擇了閉關，他願意捨身以求不朽。

朱厚照動用了各式各樣的辦法，可是在張欽一不怕誘二不怕死的精神面前，一一瓦解。朱厚照沒脾氣了，只能怏怏回宮。

大家都長舒了口氣，以為沒事了。誰也沒想到，二十天後，朱厚照趁張欽外出巡視、不在居庸關的機會，再次夜奔，成功出關。

出居庸關，是為了等一個人——蒙古小王子。幾年來，朱厚照的耳朵裡塞滿了蒙古小王子的名字。正德六年三月，小王子率部五萬入侵河套，擊敗邊軍而去。十月，小王子率部六萬士兵入侵陝西，搶奪人口牲畜萬餘。正德七年五月，小王子率部進攻大同，攻陷白羊口，搶劫財物離去。正德九年九月，小王子率部五萬士兵進攻宣府，攻破懷安，縱橫百里，肆意搶掠，無人可擋。

朱厚照磨刀霍霍，他想試試，紫禁城的龍和草原上的鷹，哪個才是主宰這片天空的王！

他終於等到了，兩個月後，蒙古小王子叩關來襲。其時，奉命迎敵的大同總兵王勳只有一萬人，但他接到朱厚照的命令卻是：「正面迎擊，不得後退！」王勳當時就傻了，以蒙古軍的實力，這是要讓他為國玉碎。果然，蒙古軍風捲殘雲，很快就把王勳包圍了。不過王勳不知道的是，朱厚照已經暗地調集遼東、延綏的大軍，對蒙古軍實施了反包圍。

正德十二年十月，戰爭在山西應州打響。當那些彪悍的蒙古兵出現在朱厚照面前，雪亮的戰刀閃著耀眼的光，朱厚照的神經被徹底刺激興奮了。雙方大戰幾天，朱厚照深入敵陣，縱橫馳騁，據說還親手斬敵一人。這場戰鬥，明軍取得了殺敵十六名，己方傷五百六十三人、亡二十五人的戰績。這當然也算得上一次勝利，因為蒙古軍終於被擊退了。

更重要的是，這場戰鬥為朱厚照贏得了吹牛的資本。他逢人便豎著大拇指，得意揚揚地說：「朕還在百萬軍中取過敵將首級呢。」

當然，這話是他自己說的。信不信由你。

春風沉醉的晚上

西元1587年，春。

一天傍晚，正要下班的內閣大學士申時行接到了太監傳來的聖諭，讓他加會班，到皇極殿談點政事。

申時行聽後一時悲欣交加。算一算，上次見到萬曆皇帝，已經是半個月前的事了。半個月來，萬曆皇帝像個任性的孩子，把自己關在大殿裡，歇了早朝，不問政事。滿朝大臣都快急瘋了，奏章一道接著一道，最後全都轉到了申時行手裡。沒辦法，誰讓他是首輔呢！

申時行清楚地知道萬曆皇帝的心結。皇后無子，二十五歲的萬曆皇帝瘋狂地迷上了妃子鄭氏，一心想要立鄭氏的孩子為太子。看似一件簡簡單單的事情，前面卻橫著滿朝大臣如山的奏章，沒有一個人接受萬曆皇帝的任性。皇位繼承順序向來「立嫡、立長、立賢」，皇后無子，可還有皇長子呢。雖說是萬曆皇帝一時興起與宮女的結晶，但他身上流淌的也是皇家的血，怎麼可以視若空氣？

申時行也是不同意的。申時行的性格不同於他的前任張居正，張居正的身上有著激進、強硬、獨裁的一面。申時行與他正好相反，他穩重、謹慎、謙和，甚至被一些人詬病為和事佬、不作為。說就說吧，申時行心裡有自己的算盤，風雨飄搖的大明王朝，再也經不起任何折磨了。

對於大臣們的詰難，萬曆皇帝沒有動用帝王的權威一意孤行，而是像個孩子似的賭起了氣，再也不理朝政了。

這一次，萬曆皇帝能夠親召，申時行覺得進言的機會來了。

萬曆皇帝坐在太極殿裡，他沒有像朝堂上那樣正襟危坐，而是很隨意地坐在龍椅裡。見到申時行，沒有客套，當頭一句：「朕今天看到遼東巡撫的奏章，說他注意到一個建州酋長正在開拓疆土，吞併附近的部落。他覺察到養虎將要貽患，就派兵征剿，卻出師不利。為什麼不讓兵部派能征善戰的將領禦敵？」

這件事申時行是知道的。當時之所以出師不利，是因為領兵的將軍想以安撫為主，根本不想大動干戈地剿殺。這樣的主張朝中很多大臣都是默許的，包括他申時行。國家這麼大，隨便哪個地方都有一兩個搗亂分子，成不了什麼氣候。一有風吹草動，就興師動眾，經濟還怎麼發展？老百姓還怎麼生活？

但是，面對萬曆皇帝的詰問，他並沒有急著表明自己的觀點，而是中規中矩地回答：「朝廷能打仗的武將，都在邊疆，臣正在想辦法招募武將。」

「為什麼非要武將？杜預、諸葛亮都是文臣，仗打得不是挺好的？」萬曆皇帝不依不饒。

「像杜預、諸葛亮這樣文臣打仗的例子，畢竟是個例。不過皇上的話臣會轉告兵部。」申時行答。

「前段時間不是選了一位武將嗎？」萬曆皇帝又問。

「是選了一位，不過年紀太大了。」

「趙國的廉頗年紀也大，不是照樣帶兵嗎？」

「皇上英明，打仗在謀不在勇，臣記下了。」面對萬曆皇帝的咄咄逼問，申時行偷偷抹了把汗。

許是覺得自己過於嚴苛了，萬曆皇帝看了申時行一眼，隨手拿起一本奏章，漫不經心地轉移了話題：「最近御史很敬業呀，居然參到朕的頭上。說朕愛酒，男人誰不喝酒呢？不誤事就好。又說朕好色，不就是說朕喜歡鄭氏？她又不是妲己。最可笑的是還說朕受賄，天下都是朕的，朕還會貪誰那點小財？」

申時行忙回道：「無知小臣，道聽塗說，皇上不必在意。」

萬曆皇帝沉著臉說：「他恐怕是要以此沽名釣譽吧？」

申時行連連點頭：「他既然想要沽名，皇上如果處罰，反倒成全了他，不如不理他就好。」

萬曆皇帝不語，似在想著心事。

申時行見縫插針，忙奏請道：「皇上，臣工們已經多日未見天顏，不但臣一肚子話想跟皇上講，大家也都是。皇上還是開了早朝吧。」

萬曆皇帝皺了皺眉，捶了捶腰，嘆了口氣說：「朕何嘗不想上朝，只是這身體不爭氣，動不動腰痠背痛，實在是有心無力呀。」

沒等申時行接話，萬曆皇帝又殺了回馬槍：「聽說那個遼東巡撫還想再次派兵征剿，卻被朝中的御史參劾，說是故意虛張聲勢，勞民傷財。先生認為呢？」

經歷了一番波折的申時行思緒很快上了軌道，和事佬的本性又蠢蠢欲動起來：「皇上，臣知道作亂的酋長。四年前李成梁將軍攻破古勒寨，殺了他的祖父和父親，他不過趁著機會想報復一下。就他那點兵力，充其量就是一窩賊寇，鬧個幾天，隨便給他個什麼職位安撫一下，也就沒事了，哪用得著派兵剿殺呢？至於參劾的巡撫，本也沒什麼罪過，如果追究起來，反倒容易引起內外官員的不睦。皇上不如趁此機會，兩邊獎罰相抵，不予追究，也讓做臣子的知道皇恩浩蕩。」

萬曆皇帝撫著額頭，沉默不語。申時行見機，又開始進言：「臣倒是覺得，立儲君的事，才是眼下當務之急。」

沉思中的萬曆皇帝聽了這話，忽地從龍椅上站起身，像是對申時行又像是自言自語道：「朕這兩天渾身無力，太醫找了一個方子，剛才煎了一服藥，現在也該喝了。」

萬曆皇帝離開後，申時行也開始踏著夜色往回走。邊走邊想，雖然沒有勸動皇上，但今天的談話，總算是沒出大的紕漏。心情一時就在春風裡蕩漾起來。

這時候的申時行做夢也不會想到，四年後，他拒絕剿殺的那位酋長建立了八旗，二十年後，又建立了後金，起兵反明。他的名字叫努爾哈赤。若干年後，他的廟號則為清太祖。

皇帝是隻什麼鳥

萬曆皇帝最近又遇到了煩心事，他發現自己居然邁不出紫禁城了。

「溥天之下，莫非王土；率土之濱，莫非王臣。」怎麼到自己身上，一切都顛倒了呢？萬曆皇帝想不明白。就說立儲吧，本是自己家裡的事，與臣子有何關係？可是吵了十多年，不但性格溫和的內閣首輔申時行不贊同，言官們更是駁聲一片，甚至有人公開罵妃子鄭氏是現世妲己，禍亂朝綱。若不是大明律法規定言官不因言獲罪，二十八歲血氣方剛的萬曆皇帝早讓他們人頭落了幾次地了。

既然喜歡的事做不成，那就出去走走，散散心吧。

那天，萬曆皇帝召來申時行，擺明了自己的想法。他想先獲取首輔的支持，然後再昭告群臣。沒想到申時行一聽，想都沒想就搖起了頭：「皇上，臣認為現在不宜出宮。」

「為什麼？」萬曆皇帝不解。

申時行輕輕咳了一聲，小心地理了理思緒，說：「皇上，現在政局不穩，西北、西南、遼東都在打仗。皇上出門，難保不會有奸佞之人動了妄想，實在太過危險。」

萬曆皇帝笑了：「難得先生想得這麼周到，那朕就不出遠門，只到先帝的陵園去祭拜。」

「皇上不是剛去過嗎？」申時行語氣裡透著抗拒。

「剛去過？」萬曆皇帝騰地從椅子上站起身，掰著手指對申時行說，「朕上次去的時候是十六年（萬曆十六年），如今都已經兩年多啦！」

「是臣失言。」申時行望著萬曆皇帝急紅的臉，調整了一下思路，「皇上一片仁孝之心，天地可鑑。不過，臣記得皇上已經祭拜過三次帝陵了。此去帝陵，路途雖算不上遙遠，但山路很多，車馬轎子行走不便，恐有傷聖體……」

「先生多慮了。」萬曆皇帝打斷了申時行的話，語帶嘲諷道：「先生難道忘了，十三年春，天壇祈雨，朕可是徒步去的？」

申時行說：「臣沒忘，皇上那次徒步祈雨，萬民夾道，留下了不少佳話。臣不是疑慮皇上的龍體，臣是說，皇上既然已經祭拜過三次帝陵，也就沒必要聖體躬親，選派一名得力大臣，替皇上表達仁孝之心即可。」

萬曆皇帝盯著眼前這個以敦厚溫和著稱的首輔，一時惱也不是恨也不是。半晌，才幽幽地說了一句：「朕看此事還是明日拿到朝堂上討論吧。」

第二天，朝堂上。萬曆皇帝一開口，下面就亂成了一鍋粥。尤其一幫御史，在立儲的問題上受了不少窩囊氣，這下有了口實，一個個摩拳擦掌，唾沫橫飛，恨不能淹沒眼前這個不守綱常的皇帝。

一位御史說：「皇上覺得出巡不是什麼大事，可是您知道嗎，出巡一次，文武百官都要跟著，算上侍衛隨從車馬轎，浩浩蕩蕩數千之眾，需要耗費多少錢糧？這且不說，提前三個月，巡城士兵、錦衣衛就要沿道清理閒雜人等，以致民怨沸騰，實是勞民傷財呀。」

萬曆皇帝辯解道：「朕上次祭陵，百姓們不是反響很好嗎？至於聲勢，完全可以從簡，沒必要弄得那麼浩大。」

御史反駁道：「皇上上回到昌平，沿途的百姓之所以感念聖恩，是因為皇上免了他們的賦稅。這次，皇上又能免他們什麼呢？難不成來個蔭子世襲？」

朝堂上一片笑聲。萬曆皇帝不安地扭著身子，臉漲成了豬肝樣。

御史又說道：「皇上說的輕車簡從，這似也不當。皇上出巡，自然不同於庶民百姓，三五個人，一輛牛車，足矣。那是要關乎大明的臉面和尊嚴，還有皇上的聖體安危。」

萬曆皇帝忍著怒氣，沉聲質問道：「朕就不相信，區區百里，能耗費多少錢糧？」

話音剛落，戶部管理錢糧的大臣站出來，朗聲答道：「皇上，容臣詳稟。十六年祭陵，前前後後攏共花銷六十萬兩。這還不算免除的沿途百姓賦稅。這幾年，賦稅越來越難收繳，每年收到國庫的銀子大約二百八十萬兩。偏偏這兩年各地災禍不斷，西北的旱災、流寇，蒙古、遼東等族騷擾，一年就要多出上百萬的開支。再加上疏濬河道、軍費、官員們的俸祿這些固定開支，每年就要四百萬兩，國庫入不敷出。皇上，不必要的開支，能省則省啊。」

幾位大臣跟進附和。朝堂上一邊倒的局勢讓萬曆皇帝十分難堪。他半是羞惱半是賭氣道：「朕不用國庫的銀子，這銀子朕讓宮內出。」

御史不依不饒，站出來應聲嗆道：「皇上，宮內能拿得出這麼多銀子嗎？就算能，這銀子也是國家收繳的賦稅，宮內產不出銀子吧？」

這話成了壓倒萬曆皇帝的最後一根稻草，他拂袖而起，厲聲斥道：「這也不行，那也不行，朕還是皇上嗎？朕的話還是金口玉言嗎？這次出巡朕主意已定，你們準備就是，再有阻攔者，斬！」

說完，頭也不回，走了。

三天後，萬曆皇帝正在宮中閒坐吃茶，太監慌慌張張地奔進來，語無倫次地說道：「皇上，出大事了。文武百官幾百人跪在午門外，說皇上不答應，就不起來。」

「答應什麼？」

「答應……不出巡。」

萬曆皇帝怔了一下，然後狠狠地摔掉手中的茶盞，吼道：「朕名義上是天子，實際就像一個囚徒，一個牌位，一個擺設，一隻金貴的鳥養在紫禁城這巨大的籠子裡，再也無法展翅。」

頓了一會，萬曆皇帝搖了搖頭，長嘆一聲，對伏在地上戰慄不已的太監說：「去告訴那幫人，他們贏了。」

從此，整整三十二年，心灰意冷的萬曆皇帝再也沒有踏出紫禁城一步。

銀子從哪來

一坐到辦公桌前，崇禎皇帝就開始頭痛。桌上如山的奏章裡，幾乎都是一件爛事——要銀子。遼東的皇太極時不時過來騷擾一下，派去的十萬大軍卻不能一心一意禦敵。因為沒錢發軍餉呀，士兵都三個月不知肉味，一個個無精打采。最要命的是西北，已經連續兩年沒見一滴雨了。從知縣到皇帝，大家不知給龍王磕了多少頭、作了多少揖，沒有任何屁用。陝西巡撫的奏章裡全是眼淚，說是再撥不出賑災的銀子，饑民就要變成暴民，揭竿造反了。

崇禎皇帝開始召集大臣們開會，這是十八歲的崇禎皇帝坐上龍椅的第二年，滿腦子的理想和抱負，全在空蕩蕩的國庫前折戟沉沙了。三個臭皮匠勝過一個個諸葛亮，那就開會吧，聽聽大家的意見。

意見很多、很雜，朝堂上一片喧囂，像是唱戲。一陣面紅耳赤的爭論後，思路漸趨明朗，亂七八糟的矛頭終於有了一致的朝向。這是明顯的官員不作為呀，身為陝西巡撫也好、遼東總兵也罷，工作裡什麼樣的情況都該考慮到，如果整日都是春和景明風調雨順，放條狗都能管理，還要你們這些官幹什麼？

「所以呢？」崇禎伸著脖子問。

「所以應該彈劾他們，追究他們失職的罪過。」言官振振有詞。

「彈劾之後呢？災情就沒了嗎？銀子就有了嗎？要不派你們去接管？」崇禎步步緊逼。

朝堂上瞬間靜下來。剛才還唾星橫飛的一幫人，面面相覷，都慌忙低下了頭，生怕皮球踢到自己腦袋上。

崇禎皇帝大怒，手指著群臣，從左到右，從右到左。半晌，才搖一搖頭，壓了怒火說：「朕是要你們來解決問題的，不是追究誰的責任。事情緊迫，大家都想一想，賑災和軍餉的銀子從哪來。」

一陣交頭接耳後，一位御史站了出來，進言道：「臣覺得該從吏治入手。當今官場，從上到下，不少科場作弊買官賣官者流，臣身為言官，幾個月之內就推掉了幾百兩的賄銀。如嚴加查處，定能為國家挽回不少損失，以解燃眉之急。」

崇禎皇帝來了精神，以嘉許的語氣問道：「那就快說說，怎麼查？從哪開始？」

話音剛落，朝堂上又炸開了。平心而論，大家都有點心虛，多多少少的，誰沒有拿過一點好處？查貪官，不是砸大家的飯碗嗎？群臣的矛頭一起對準了出歪主意的言官。吏部尚書尤為不滿，他是負責官員任命的，說吏治腐敗，不就是說他失職嗎？他站出來，反唇相譏道：「既然大人說貪腐的人不少，那就請列出具體的名單吧。」

這話像是當頭棒喝，言官當時就傻了。他不過就是出個主意，沒想著把矛頭指向特定的人。

言官說不出話，崇禎皇帝的臉又垮了下來：「說幾個吧。」

言官無奈，只好胡亂說了幾個名字。

吏部尚書一聽，訕笑道：「這幾個都是查處過的，家都抄了，難道你還幫忙藏了些銀子？」

朝堂上一片笑聲。

崇禎皇帝見狀，對著張口結舌的言官拍了桌子：「既然什麼也說不出來，那就回家思過吧。」

這件事算是過去了。但銀子的事還在，還需要大家發揚臭皮匠的精神。沉默了一會，一位叫劉懋的官員站了出來，提議道：「皇上，可以清理驛站呀。」

這話點醒了大家，朝堂上又熱鬧起來，大家紛紛唱和。驛站就是朝廷在各地設立的招待所，專供傳遞官府文書的差役或來往官員途中食宿、換馬。級別不高，開支卻很龐大。因為除了正常的公務，更多的時候，驛站成了朝廷官員及其家屬們外出遊覽的落腳點，大把的銀子就這樣白白流掉了。

朝堂的官員之所以贊同清理驛站，也是因為沒有更好的辦法了。況且誰也不是天天外出，緊急關頭，能湊合就湊合吧。

難得大家意見統一。崇禎皇帝立時下旨，那就實施吧。

辦法雖然不好想，可一旦有了，事情做起來倒很簡單。所謂的清理，不過就是壓縮一點旁溢出的開支，關閉幾家可有可無的驛站，再開除一些無關緊要的人員。事情辦得雷厲風行。

一年後，上報成果，全國裁減驛站二百餘處，遣散驛卒上萬名，節約銀子八十萬兩。

崇禎皇帝很高興，不管怎麼說，總算是有點效果了。

在那些被遣散的驛卒裡，有一位陝西籍的人，他垂頭喪氣回了家。因為旱災，也無法種田，一家人食不果腹。沒辦法，換個工作吧，他揭竿而起，加入了暴動的民軍。十四年後，他帶領人馬攻進北京城，把砸了他飯碗的崇禎皇帝趕上了紫禁城外的煤山。

他的名字叫李自成，綽號「李闖王」。

這是當年大刀闊斧的崇禎皇帝萬萬想不到的。

生死約

刀客端坐在磐石之上，四周是蔥郁的竹林，偶爾有鳥啼滑過林梢，為這肅殺的氛圍塗抹了一線生機。

刀客已經在這塊磐石上端坐了十年。十年前，青龍山論劍，當時身為青龍派盟主的刀客受到江湖魔頭如風的挑戰，兩個人在青龍山下惡戰了三天三夜，刀客終因體力不支，被如風削去了一根手指，刀客一世英名毀於一旦。

離開青龍山時，刀客對如風說，三十年後，我還在這裡等你，我會讓你償還我一根手指。

為了這場約定，刀客帶著三個貼身徒弟隱匿深山。刀客在練一種絕技，人刀合一，刀隨心動，意念殺人。練成這種絕技，須過三關：快、穩、狠。

第一縷晨光灑落在刀客臉上，酥酥癢癢，刀客眉梢輕佻，衣袂飄飄，整個人像一顆彈出去的石子，一股森然之氣在竹林裡蕩過。沒有人看清刀客是怎樣出的刀，眨眼之間，刀客又回到了磐石之上，雙手合十，氣定神閒，鼻息絲毫不亂。少頃，竹林裡響起一陣裂帛斷竹的聲響，鏗鏘悅耳，十多棵碗口粗的竹子轟然倒下，斷口平展，整齊劃一。

大徒弟在一邊擊掌嘆道，師父好快的刀！刀客的嘴角微微一挑。大徒弟說，師父可以出山了。刀客搖了搖頭，單憑刀快勝不了如風。大徒弟說，如風也許等不到那一天了。刀客眉頭一蹙，此話怎講？大徒弟說，現在有十多個武林高手尋到青龍山，欲奪盟主之位，據說三日後將群鬥如風，如風休矣。刀客身子一震，微閉的雙眼忽然睜開，目光如炬，給我備馬！大徒弟說備馬做什麼？刀客說，你備馬就是了！

刀客趕到青龍山時，青龍山上已是刀光劍影，塵煙滾滾，遍地都是身首異處的殘屍。刀客沒有片刻猶豫，揮手出刀，疾如電閃。一場惡鬥，地上又多了十多具屍體，夕陽裡，只留下刀客和如風兩個血淋淋的身影。

為什麼要救我？如風問道。

我不是救你，我是要你等著我們的約定。刀客將刀插入鞘中，面無表情。

你滿可以藉著他們的手殺了我，何必等到三十年後？如風不解。

刀客凜然一笑，你以為男人的話也像三分鐘熱度嗎？記著，你還欠我一根手指。說罷打馬揚鞭，不見了蹤影。

轉瞬又是十年，刀客端坐在磐石之上，竹林中有風吹過，颯颯作響。離刀客三丈開外，吊著三根絲線，絲線上拴著三隻蒼蠅，嗡嗡有聲。一滴晨露落在刀客的臉上，清清涼涼的，繃緊的皺紋便如菊花般綻開。刀客騰身而起，有金屬的光澤在竹林裡劃出優美的弧線。然後，刀歸鞘中，人坐石上。

大徒弟奔到蒼蠅前，嘖嘖有聲，師父，成功了！

三隻蒼蠅被齊根斬去羽翼，肉身卻絲毫未傷。刀客輕吐一口濁氣，身子忽然一蜷，從磐石上摔了下來。

竹林方圓百里痢疾流行，山下已有多人斃命，刀客和徒弟也未能倖免。短短幾天的工夫，兩個小徒弟猝然病逝，只有大徒弟僥倖，躲過一難。

刀客躺在床上，氣息奄奄。大徒弟在一旁暗自垂淚，束手無策。刀客淡然一笑，說，放心，我死不了，我還等著那個約定呢。大徒弟說我們沒有藥。刀客說有。大徒弟說在哪兒？刀客說在我心中。

一月後，刀客神奇般痊癒，硬朗如初。

三十年白駒過隙。

依然是那塊磐石，依然是端坐的刀客，只是紅顏已逝，鬚髮飄雪。大徒弟拖過一隻竹籠，開啟來，放出三隻野兔。野兔求生心切，朝著三個方向竄進竹林。

大徒弟說好了。刀客的長鬚抖了抖，刀尖燦然點過磐石，人如蒼鷹般掠起，飄進竹林。轉眼工夫，刀客迴轉，手裡拎著三隻兔頭，鮮血淋漓，刀刃上寒光閃閃，竟然滴血不沾。

大徒弟說，師父，時候到了。刀客仰首望天，半晌，長嘯一聲，氣震山野。刀客說，備馬！

青龍山下，早有一人在那等候，卻不是如風！

如風呢？刀客問。

那人雙肩一顫，兩行熱淚爬過臉頰，師父他……他三天前已經去了。

什麼？刀客一驚，如風死了？

那人點頭。

怎麼死的？

無疾而終。

說罷，那人從懷裡掏出一隻錦盒，遞給刀客。

刀客開啟，錦盒裡臥著一根手指，慘白如紙，隱隱間蛇一樣蠕動。

那人悽然說道，這是師父臨終前要我交給你的，說是他欠你的東西。

捧著錦盒，刀客悵然而歸。

三天後，刀客在磐石上練功。大徒弟去叫刀客吃飯，連呼二聲，不見動靜，伸手一拉，刀客頹然倒地，身子已經僵硬多時。

那一年，刀客八十有七。

窯鎮傳奇之神鏢

清朝末年，在窯鎮上，沒有人不知道神鏢空空。平民百姓聞之歡呼，土匪惡霸聞之喪膽。但大家只是聞其名，少有人能見到其人。

傳聞空空身上有三支鏢，鏢長三寸，銀光閃閃，上面刻著「空空」兩字。空空出鏢，疾如電閃，向來都是一支置對方於死地，從來不二。

但有一次例外。那次空空接了一個差，要去刺殺青龍山上的一名女匪。女匪素日裡搶劫來往客商，霸著山路收取買路錢，十里八鄉的百姓都難得安寧。空空摸清了女匪的行蹤，就埋伏在郊野裡，等著女匪的人馬走進了視野，空空揚手甩出一支鏢。鏢剛剛脫手，空空忽然發現女匪已經身懷六甲，肚子明顯地隆起。來不及多想，空空揚手又甩出了第二支鏢，將第一支鏢打落。直到三個月後，女匪產後滿月，空空再次出手，取了女匪性命。從此，空空「俠骨柔腸」之聲名鵲起，附近州縣來找空空請託者絡繹不絕。

空空接差，從來不與授差人見面。授差人只需將要殺之人的名字和住址寫在錦帛之上，連同酬金一起放在窯鎮東南二裡外的關公廟，三日之內，空空就會看到。空空不是什麼樣的差都接，看到名字，空空會先去調查一番，了解一下要殺的人的生平為人，倘若是行事端正、與民為善的仁者，空空便會拒絕接差，錦帛和酬金絲毫不動，授差人自己取回。倘若對方是個行為暴戾、人皆唾棄之徒，空空便會取走錦帛和酬金，不出意外，三日內便會完差。

幾年來，空空接差無數，從來沒有失過一次手，也沒有失過一次信。空空掰手一算，算出自己已經接了九十九件殺人委託，空空決定再接一次差，然後金盆洗手。不是空空不想做下去，是空空愛上了一個女人。

女人是空空在一次行差途中救下來的。一個土豪公子在廟會上強搶了一個女子，回去的路上，恰好碰上行完差的空空，空空刺殺了公子後，將女人救了下來。女人自稱父母雙亡，孤身一人，感念空空救命之恩，仰慕空空英雄之名，遂以身相許。

空空起初不答應，漸漸地見女人嬌若桃花，柔似楊柳，冰清玉潔，聰慧伶俐，便也萌生出了愛憐。空空不是聖人，但凡男人有的凡心，空空也有。空空便聽了女人的勸，再接一次差，便與女人遠走他鄉，安度餘生。

七日後，空空在關公廟看到了第一百個委託差事的錦帛，錦帛上要殺的是五十里外趙家莊的莊主趙漣。空空查訪了一下，趙漣也是一方惡霸，仗著官府裡面有人，便四處放貸盤剝鄉鄰，村裡人都是敢怒不敢言。

空空接了差，回來後，空空把委託的錦帛放在臥榻下面，然後出門閒遊。晚上，空空進了門，看見心愛的女人坐在燈下哭泣，桌子上放著那面委託差事的錦帛。空空有些納悶，詢問女人究竟。女人哭著講述了自己的身世。原來此次空空要殺的趙漣就是女人的生父，只因為女人看不慣父親的作為，數次規勸無效，一氣之下離家出走。現在見空空要殺的竟然是生身父親，女人很是悲戚，雖然心裡恨父親，可畢竟有著生養之恩啊。

空空聽了有些動容，可是，要想退差已經不可能。江湖裡的規矩，接差後就要行差，退差無異於自臭聲名。

夜色裡，空空一個人對著明月，心亂如草，不時地飄出幾聲嘆息。雖然更深露濃，空空也毫無睡意。不知道什麼時候，女人悄然來到了空空身邊，把一件長袍披在了空空的身上。

女人問，想出結果了嗎?空空搖頭。是不是很難?女人再問。空空一笑，不語。女人說，我倒有一個辦法，不知道是不是可行。空空回過頭，眼裡掠過一絲光亮。要是能碰到一個攔差的人，打敗了你，你是不是就沒有辦法履行差事了？空空說是，雖然這樣也有損聲名，但畢竟沒有敗了江湖規矩。可是，空空又說，上哪去找能躲過我飛鏢的人？女人說我來躲。空空大笑，你開什麼玩笑？女人說我沒開玩笑。空空惑然地盯著女人的臉，妳怎麼躲？女人說，我站在離你三丈遠的地方，你等我的手伸到咽喉處，就出鏢，用力一定要適度，把鏢發到我的手裡，外人斷不會看出其中端倪的。空空大喜，一把將女人攬入懷中。

為了以防萬一，空空與女人在夜色裡操練了幾次，都得到了成功。

次日，消息不脛而走，窯鎮及附近州縣的人聞風而至，一是為了親眼看看神鏢的風采，再就是為了看看誰有這樣大的本事，敢攔空空的差事。

晨曦飄過，樹林裡金光湧動，一片空場上，黑壓壓擠滿了人。空空臉上蒙著一張面具，頭上頂著斗笠，背對著眾人，玉樹臨風一般。三丈遠的地方，一名女子戴著黑色面紗，一身青衣。一炷香的時間流過，眾人都屏住了呼吸，目不轉睛。

空空終於開了口，閃開。聲冷如鐵。

女人不動。

空空又說了一句，閃開。聲震林野。

女人依舊不動。

空空說這可是你自找的，怪不得我了。說完輕輕側身揚手，一道銀光閃過，呼嘯有聲。

女人忽然向前衝去，飛鏢直插進她的咽喉，血流如注。

空空面色大變，半晌才回過神來，連忙撲過去，抱起了女人，淚眼灼灼，叫道，為什麼？妳為什麼要這樣？

女人握住空空的手，一朵笑在臉上飛鳥般掠過，你終於可以功成身退了，答應我，以後不要再去殺人。一語言罷，合上了雙眸。

林中蕩起一聲長嘶，慘烈無比。

三日後，趙漣死在了家中，咽喉處插著一支飛鏢。

從此，空空不見了蹤影。有人說是與心愛的女人一起去了，有人說是遁入了空門削髮為僧。

窯鎮至此再無神鏢。

窯鎮傳奇之古畫

吳三家藏有一幅古畫，這在窯鎮已經不是什麼祕密。古畫是吳三的祖上傳下來的，同時傳下來的，還有一幅一模一樣的贗品。

古畫傳到吳三的手裡時，已經是民國時候的事了。沒有人看見過那幅古畫，倒是很多人都見過那幅贗品。贗品就掛在吳三家的堂屋裡，是一幅唐伯虎的《猛虎下山圖》。一隻猛虎行走在崎嶇的山路上，前爪搭在一塊青石板上，虎口怒張，露出森森的牙，嘯聲隱隱可聞。整隻虎畫得纖毫畢現，唯妙唯肖。看見贗品的人都會嘖嘖不住，想這贗品都是如此傳神，真跡一定妙不可言。

但不管是窯鎮的社會名流，還是政府官員，登臨吳三的陋室時，無不失望而歸。吳三說，這是祖上的規矩，古畫不得拿出來示人。也因了守著這樣一個規矩，吳三的家裡徒有四壁，以及鍋碗瓢盆和土炕，這就是吳三全部的家當。年屆三十的吳三最終也沒能娶到一個老婆，一個人孤苦伶仃地過著日子。

窯鎮上專門經營古字畫的風雅軒的老闆就曾找到吳三，求購那幅《猛虎下山圖》，並且開出了很高的價錢。吳三卻不為所動，他對風雅軒的老闆說，亂搞祖先留下的東西，是造孽。

許多人就笑吳三的愚，守著一幅破畫，能當飯吃？換了錢娶回一個老婆才是正事。任人怎麼說，吳三就是不為所動。倒是有些貪戀錢財的人動了心思，好幾回夜裡，吳三的家裡都響起了刀子撥動門閂的聲音。多虧吳三睡覺時仍然警覺，一有動靜就會醒來，然後拎了馬刀怒喝一聲，抵住屋門，歹徒才沒有得逞。

1937年，日本人的鐵蹄踏過山海關，窯鎮也變成了日本人的一個據點。一個叫山本的傢伙不知從哪聽說了吳三家的古畫，便找上門來，嘰哩咕嚕地和吳三念著。吳三聽不懂日本人的話，愣在那不動。山本就讓翻譯官上前翻譯，翻譯官對吳三說，太君說了，聽說你們家藏有一幅古畫，太君是個喜歡收藏的人，想買下來。吳三斜了翻譯官一眼，說，不賣。翻譯官冷笑了一聲，說，吳三，你也別敬酒不吃吃罰酒，太君想要得到這幅畫，易如反掌，你們家就這麼小的地方，掘地三尺也費不了屁大的工夫，你能藏得起來？吳三衝著翻譯官吐了一口口水，說，走狗！翻譯官嘿嘿地笑笑。吳三說漢奸！翻譯官又笑。翻譯官說你想罵什麼就罵什麼，只要你交出古畫。吳三說你妄想！

翻譯官就回過頭，俯在山本的耳邊低語了幾句，然後對吳三說，太君說了，古畫是藝術品，藏到哪裡都是藏，要是消失了，可就什麼都沒有了。吳三說你什麼意思？翻譯官說，要是你不交畫，哼，這房子……翻譯官掏出一盒火柴，點著一根，在吳三眼前晃了晃。吳三說媽的的你敢？翻譯官說不是我敢不敢的問題，而是它……翻譯官拍了拍腰裡的槍。吳三咬著牙，拳頭握得嘎吱響。但吳三很快就軟了下來，說，好吧，我給你們，告訴日本人，以後不准踏進我的院子。翻譯官笑了，擠巴著一對金魚眼說，這才是大大的良民嘛。

吳三就進了屋，拎了一根鐵棍開始撬土炕。土炕撬開了，下面是一個洞，吳三伸進手，拿出了一個長方形的木盒，打開，裡面正是那幅《猛虎下山圖》。

日本人取走古畫後，吳三大病了一場，從此閉了門，足不出戶。

日本人離開中國後，吳三領養了一個孩子，取名阿牛，兩個人相依為命，過著清貧的日子。偶爾出趟門，背後都會有人指指點點的，還會有小孩子尾巴似的跟在他的屁股後面，嘴裡喊著「漢奸漢奸」。吳三知道，他們是在罵他把古畫送給了日本人呢。吳三不理，吳三現在只想清清靜靜地過完剩下的日子。

吳三死後，吳三的兒子阿牛找到窯鎮的文化館，交給館長一個盒子。館長問什麼東西？阿牛說是古畫。館長說什麼古畫？阿牛說就是我父親祖上傳下來的古畫。館長說不是給日本人了嗎？阿牛說是牆上掛的那幅。館長說贗品啊，就有些不屑，說文化館還沒有收藏過贗品呢。阿牛倔強地說，我父親交代了，一定要你們收起來。館長拍了拍腦袋，說你放下吧。

收下那幅贗品後，館長就把它丟到了倉庫裡。過了些日子，才有人想起來跟館長說，聽說贗品裡也有有價值的東西呢，不妨把那幅畫拿到省城估估價。館長就點了頭。畫送到了省城，沒幾天，傳來了消息，說那幅畫不是贗品，而是道地道地的唐伯虎真跡，價值連城！

窯鎮傳奇之毒蛇

在窯鎮，侯五家也算是大戶人家。

侯五的祖父經營布匹生意，在好幾個州縣都有買賣，家裡丫鬟僕人就有十幾口。侯五就是那時候養成了闊少的脾氣，整日裡吃飽了，也不到學堂念書，只顧拎了鳥籠，四處撒野，間或逛逛窯鎮的窯子。侯五的祖父死後，父親體弱多病，不久也病逝了。過了兩年，母親也鬱鬱而死。布莊的生意就交到了三代單傳的侯五手上。侯五自然是不會到布莊去坐店的，他把生意放手交給管家，自己依舊整日風流快活。

管家是個五十多歲很有心機的男人，眼見侯五是一個扶不起的劉阿斗，自己辛苦經營賺來的錢都讓這個紈褲子弟拿去似流水般花掉，心裡極是不平，但自己終歸是個管家，再怎麼著也是個奴才，於是隻有借酒澆愁。

有一日，管家在街上走，見路邊有一人挑擔賣蛇。兩個鐵籠子裡密密匝匝地爬滿了蛇，蛇在籠子裡盤結在一起，扭動著，翻捲著，吐著長長的蛇信，一時引來許多人圍觀。

管家擠進去，看了半晌，問賣蛇的，這裡面都有什麼蛇啊？賣蛇的說，一隻籠子裡裝的是五步蛇，也就是毒蛇；另一隻籠子裡裝的是家蛇，自己養的，沒有毒。

五步蛇？管家叫了一聲，是那種咬了一口走不出五步的蛇嗎？

賣蛇人說，是，不過也沒有那麼玄，只是說它的毒性強罷了。

管家說，那你這樣養著豈不是很危險？

是危險，賣蛇人說，不過掌握了技巧，再小心一些，一般無妨的。況且這種蛇肉鮮嫩、好吃，能賣上好價錢。

管家在兩個蛇籠前轉了轉，說，給我幾條吧。

把蛇買回家，管家便去找侯五，說，少爺，我幫你弄了點新鮮的玩意。侯五說什麼東西？還有少爺我沒有玩過的東西嗎？

管家就帶著侯五去看蛇，幾條細長滑溜的蛇在籠子裡舒展著身體，不時地抬起頭對侯五搖擺著。侯五嚇了一跳，從哪弄的這些嚇人的東西？管家說街上買的，別看嚇人，很好玩呢。再說玩膩了還可以吃肉，聽人說，對男人是大補呢。侯五說，是嗎？侯五捏起一根棍子在蛇身上撥了撥，說，那你快去學學要怎麼吃，少爺我什麼都吃過，就是沒吃過蛇。

管家提醒說，這蛇名叫五步蛇，很毒，若是被它咬了，走不出五步便會斃命，少爺你一定要當心啊。

侯五一聽立刻丟了棍子，跳開身子，怒道，你這不是害我嗎？

管家笑笑，說我打聽了，雖說毒性強，但掌握了技巧，也無妨的，何況人家還說了，這種蛇肉最入味。

是嗎?侯五將信將疑。

少爺你怕了嗎?管家說，要是怕了我就把蛇退了吧。

哪裡的話?侯五硬起了脖子，闊少的脾氣立刻就上來了，少爺我打從娘胎以來，還沒有怕過誰呢，這蛇留下啦。

管家便把從賣蛇人那裡學會的技巧都教給侯五。侯五玩起來很上手，沒幾天就熟練了，然後便邀了一幫狐朋狗友到家裡來，看他逗弄那幾條毒蛇。一幫在街上耀武揚威的紈褲子弟，在蛇前嚇得只有遠遠觀望的份。侯五非常得意，但這得意也就是幾天，狐朋狗友們沒人敢上去玩，侯五一個人漸漸地也就沒了興趣。侯五對管家說，剝了吃了吧。管家說不玩啦?侯五說不玩了。管家說那就剝了?侯五說剝了。

管家說剝蛇也很好玩。管家就走到蛇籠前，開了籠，伸手握住了一條蛇的七寸，拎出來，把蛇頭在石頭上用力敲了一下，然後乾淨俐落地剪去蛇頭，手一撥，刺啦一聲脫了蛇皮，取了蛇膽、蛇血，一條蛇便剝完了。

侯五看得有些呆住。管家說少爺你試試？侯五怔了怔。管家說少爺不敢嗎？侯五哼了一聲，上去就抓了一條蛇，學著管家的樣子也要往石頭上敲，無奈蛇身滑溜，侯五一把沒有抓穩，竟脫手了，再抓，蛇一抬頭，在侯五的手臂上就咬了一口，滲出兩滴血絲。侯五嚇壞了，叫道，毒蛇咬我啦，毒蛇咬我啦。

管家忙過來，說少爺不要動，走五步就會死。侯五就站在那，完全不敢動。管家說我去找醫生。管家出了門，沒多久就趕了回來，說醫生聽說少爺中了五步蛇毒，也不敢來，只抓了些白藥。

侯五渾身顫抖，面如死灰，癱坐在地上，自此一病不起。病榻上，侯五不吃不喝，每日只是說著囈語，我活不過五步啦，我活不過五步啦。任誰的話也聽不進去。

一月後，侯五病逝。

侯五出殯那天，他的那幫狐朋狗友找上門，堵在門口，對管家說，是你害死侯五的，你故意買了毒蛇來，讓侯五把玩，其實就是想藉機害死侯五，自己獨霸家產，對不對？

紈褲子弟們不光鬧事，還向上報官員，管家便被帶到了縣衙。公堂上，縣官問管家，因何要讓侯五把玩毒蛇？管家說小民冤枉。縣官說你有何冤？管家說，小民從來沒有讓我家少爺把玩過毒蛇，不信老爺可以驗屍，還可以驗蛇。縣官說你敢當堂對證？管家說我敢。

縣官派人前去驗屍，侯五果然沒有中毒。再去驗蛇，籠子裡的蛇竟然也沒有一條是有毒的。

第二輯　曾經，那敲擊心靈的歌聲

男人拄著枴杖晃過表哥家的門口時，歌聲就會像一隻歡快的小鳥輕快地飛進我的耳朵。

然後，就是在他開啟門的一瞬，喊出的那句脆亮亮的招呼。

假如沒有讀書

這是某個電視臺舉辦的一檔談話節目。嘉賓一共四位，都是風度翩翩的中年男子。他們來自一個城市的不同行業，引帶著各自領域的潮流和風騷。他們有房、有車，事業有成，是無數男人眼裡的目標和努力的榜樣。

但他們又有一個共同點，那就是都成長在鄉下地區，從小家境貧寒，衣食無著，完全依靠父母節衣縮食，讓他們讀書上學，才改變了他們的命運，有了今天的成就。

談話就是圍繞著「讀書和命運」這個話題展開的。四個男人的故事雖然各有千秋，卻也沒有多少出人意料的新意。節目在平靜和緩的氛圍裡接近了尾聲。

接下來，照例要由臺下的觀眾來提問。第一個獲得機會的是位記者，他問了一個記者們都喜歡問的問題：「假如父母沒有培養你讀書，你覺得你現在會是什麼樣子？」

第一個男人說：「假如父母沒有培養我讀書，那我現在肯定不會坐在這裡。不久前，我回了趟老家，發現有個跟我一起長大卻沒有機會讀書的男人，大多都在做著苦力工作，每天忙於生活，就是他們生活的全部。」

第二個男人說：「假如父母沒有培養我讀書，你們說不定就會在城市裡隨便的一個建築工地上見到我。念高中的時候，有的學生就是因為家裡拿不出學費，背上背包出去打工了。說真的，當時，我也偷偷地整理好了背包，要不是母親求親靠友借來的錢，我也不會走到今天。」

第三個男人說：「我長大的地方養牲畜為主，很多沒有機會繼續讀書的男人，都在家裡養牲畜。假如父母沒有供我讀書，說不定大家餐桌上的烤雞、燉雞湯、麻油雞，都是我養的呢。」

臺下響起了一片笑聲。氣氛輕鬆活潑，一切都朝著節目預定的方向發展著。

最後，觀眾的目光落到了第四個男人身上。大家都覺得，在那樣的場合，他也一定會照著這個方向說下去的。

沒想到，第四個男人沉默了一會，卻忽然用一種沉重得有些壓抑的語氣開了口，就像是邁進了某種痛苦的回憶。他說：「我念高中的時候，正值旱災，莊稼幾乎顆粒無收。這對於靠田地餬口的人來說，無疑是個災難。那時候，我們那一共有三個人在附近的城市讀書，其他兩個人都因交不起學費休了學。我也想休學，但父親不准，父親甚至為這件事打了我一巴掌。

「我不知道他們是怎麼籌的錢，讓我讀完了高中，又讓我念了大學。畢業的那年，本來想著可以賺錢養家了，沒想到父母卻雙雙病倒。他們的病都是能夠治好的，要是放在今天的話。

「可是那時候，家裡一貧如洗，能賣的東西都賣光了，還欠了一屁股債。為了省錢，父母都不肯住院，甚至連藥也捨不得吃，就這樣，不到一年的時間，他們相繼離世。

「現在，每到夜深人靜，我就忍不住想，假如父母沒有送我讀書，我也就不會離開他們。就可以守在他們身邊，為他們分擔生活的重負，賺錢養家盡孝，他們也就不會這麼早就死去。『子欲養而親不待』，一想起這句話，我就覺得，自己真是不孝啊……」

攝影棚裡出現了短暫的寂靜，就連一向口吐蓮花應對自如的主持人，也像是忘記了自己的職責。

片刻後，不知是誰帶頭鼓起了掌，潮水般的掌聲裡，不少觀眾都悄悄地抹起了眼淚。

看望兒子的女人

這是一輛開往市區的客運，女人就坐在靠窗的位置。女人暈車，這個位置還是她跟一個年輕人換來的。

窗外的田野已經綠起來了，暖暖的陽光透過車窗照進來，讓車裡的人都昏昏欲睡。女人沒有睡，女人的眼睛一直盯著窗外，想著長長短短的心事。一個碩大的竹籃擺放在女人的腿上，竹籃上蓋著一塊洗得發白的布。看得出來，女人是個喜愛乾淨的人。

「小姐，還是把籃子放在行李架上吧，這樣不累嗎。」對面座位上一個抱著孩子的年輕母親說。

女人回過神來，感激地笑笑，說：「不用了。」女人看見了年輕母親懷裡的孩子，是個女孩，三四歲的樣子，兩隻清澈的眼睛緊緊地盯著自己的籃子。

女人把手伸進籃子，像變魔術一樣摸出一把花生來，塞到女孩的手裡。車廂裡很快就響起了噼噼啪啪的聲音，女孩吃花生的樣子讓女人滿是皺紋的臉上泛起了鮮活的生機。

煙就是在這個時候冒出來的，沒有人看到它是怎麼冒出來的，先是一縷，很快就成了一股、一片。車廂裡有了燒焦的氣味，眨眼的工夫，氣味就在小小的空間裡橫衝直撞。

「失火啦！」女人第一個大叫起來，聲音哨子般尖銳。沉睡中的乘客都被驚醒了，平靜的車廂裡瞬間亂作一團。

司機在慌亂中把車停在了路邊，大叫著：「快下車啊！」可是，火是從車門燒起來的，沒有人能夠從那裡離開車廂。

「大家不要慌，來，從車窗跳下去！」女人大聲招呼著，一邊丟掉腿上的籃子，兩隻手用力把車窗扒開。人們像發瘋似的朝那個小小的出口擁過來，有兩個男人憑著力氣越過了婦女和孩子的屏障，用力地往外擠。

女人忽然伸開雙臂擋在了窗前：「不要擠，不然誰也出不去！」女人的嗓門很大，完全沒有了剛才的嫻靜，像是一頭獅子。

兩個男人愣了一下，不情願地讓開了身子，騷亂的車廂頓時安靜了許多。女人先是幫著那個年輕的母親跳了出去，又抱起嚇得哇哇亂哭的小女孩，遞了出來。然後是一個婦女，又一個孩子……

乘客們在女人的幫助下，相繼跟著往外鑽。車廂裡的人在一個一個地減少，火勢卻在一點一點地變大、變猛，直至瘋狂。小小的空間成了一個蒸籠，讓人喘不過氣來。女人不停地咳嗽著，手卻沒有停下，一個個或肥或瘦或高或矮的人在她的推推抬抱下，紛紛逃離了險境。

當最後一個人被女人推出窗戶時，整個車廂已經變成了一個火爐。車外的人拚命喊著：「跳啊！快跳啊！」

女人的頭剛剛探出窗外，又縮了回去。她的手在竄著火舌的車廂裡摸索了一陣，然後遞出來一隻燒黑了的竹籃。兩個男人一邊接過籃子，一邊把女人從窗戶拉了出來。女人的頭髮已經燒焦，臉上像是抹了一層黑灰，衣服上還竄著火苗。幾個人衝上去，手忙腳亂地把女人身上的火撲滅。

女人大口喘了幾口氣，忽然渾身一軟，昏了過去。

救護車很快就到了，女人和另外幾名傷者被送進了醫院。

女人醒來的時候，已經是第二天上午了。睜開眼，女人看見了潔白的牆壁、潔白的被單。鳥鳴聲從窗外傳進來，讓女人恍惚間覺得是飄浮在夢裡。

第一個獲准進入病房的是一間報紙的記者。記者望著女人瘦小的身體、傷痕累累的臉和那一頭燒得不成樣子的亂髮，抿著嘴，深吸了口氣，小心翼翼地問：「阿姨，感覺好點了嗎？」

女人點了點頭。

「可以問您一個問題嗎？」

女人又點了點頭。

「據說，您當時就坐在窗邊，本來可以第一個逃出來的，您為什麼不逃？是什麼讓您堅持到了最後？您難道……就不害怕嗎？」

女人笑著說：「是我兒子，我兒子讓我堅持到最後的。」

「您兒子？」記者的眼裡滿是驚訝，「他在哪？做什麼工作的？」

「他沒有工作。」女人盯著天花板，像是回答又像是自言自語，「去年這個時候，為了救一場火，他再也沒有回過家，一個人睡在了郊外的那面山坡上。這次，我就是去看他的。著火的時候，我滿腦子都是兒子的身影。我想，要是被火燒死了，不是就能見到我的兒子了嗎？我當時覺得兒子離我越來越近了，他還向我招手了呢，真的。你說，去和兒子見面，我有什麼好害怕的？」

神祕的愛心資助人

大學同學阿偉來訪，我和幾個朋友一起為他擺了一桌宴席。席間，有人提議，想要在教育部門工作的阿偉講點「行業內幕」，當作酒桌的話題。阿偉遲疑了一下，說：「我講一個我碰到的真實故事給你們聽吧。」

「兩年前，為了幫助貧困山區的孩子們上學，我們教育部門在一所大學舉辦了一次『一對一』活動。就是鼓勵在校的大學生與貧困山區的孩子們組隊，在精神和經濟上對孩子們伸出援手，讓那些上學艱難的孩子重新看到希望的曙光。我們本來是抱著試試看的態度去的，沒想到消息一出，報名的學生很多，短短的一天，就接到了 100 多名學生的申請。為了讓資助活動能真正實行，我們對報名的學生都認真登記，建立了檔案，內容包括學生的姓名、班級、家庭狀況以及在校的狀況等等，日的是在資助與被資助者之間搭起一座溝通的橋梁。

「活動結束後，我們準備離開，還沒上車，一個學生氣喘吁吁地跑了過來，一見面就說：『我也要參加這項活動！』我對他抱歉地笑笑，說：『等下次吧。』他說什麼也不肯走，堅持要我們給他一個機會。沒辦法，只好遞給他一張申請表，沒想到他看了一眼，又把表還了回來：『我不想留個人資料。』『不留個人資料我們怎麼讓您跟資助對象聯絡呢？』我有點詫異。『我不需要跟他聯絡，』他解釋說，『您只要把需要資助的學費金額告訴我就行了，我把錢匯給你們，你們代我轉交，好嗎？』

「這真是一個特別的學生，辦這種活動好幾次了，我還是第一次遇到。望著他誠摯的眼神，我不忍心拒絕，只好答應了。可是，回去後，責任心促使我又透過別的管道了解了一下這個學生的情況，結果讓我大吃一驚。這個學生讀大二，老家也在山區，而且相當貧困，大學一年級的學費是他用助學貸款交的。在學校，他一直努力打工賺取生活費。這樣一個連自己幾乎都要靠人資助的人，怎麼會想到去資助別人？他又拿什麼去資助別人？是一時的衝動還是別的什麼？我的心情沉重起來，覺得有必要找他談談。

「聽完我的疑慮，他的臉紅了，害羞得像個女孩子，猶豫了好一陣才說：『不瞞您說，我家裡的確很窮，我上高中的學費和生活費都是跟親朋好友一點點湊來的，正因為這樣，念了大學後，我就在心裡有著一個願望，不管多麼困難，一定要學會幫助別人，就像那些曾經幫助過我的熱心人一樣。』

「我被他近乎樸素的念頭打動了，甚至再也想不出什麼理由去拒絕他。就這樣，我充當起了他與一個山區孩子之間的信使，每個學期把他資助的錢匯給孩子，再把孩子的感謝和祝福捎給他，風雨無阻。兩年很快過去了，他也該大學畢業了。畢業前，這個計畫舉行了一次見面會，讓兩年前參加申請的一百多名大學生和他們資助的對象見次面。在我的極力邀請下，那次見面會，他也去了……」

「你們知道，他資助的對象是誰嗎？」阿偉留了個伏筆。我們面面相覷，都搖了搖頭。

「是他的弟弟！他的親弟弟！」阿偉的聲音突然變得激動起來，「那天，當我把他資助的孩子帶到他面前時，他傻了，知道結果後，我們也都傻了！善有善報，佛家的話真是應驗了啊！」

母親的要求

女人是來法院告兒子的。為此，女人天還沒亮就起了床，帶著兩個饅頭，翻山越嶺地跑到市中心。女人的腿腳不方便，她本來可以搭汽車的，但她沒有，她捨不得花那筆錢。趕到法院的時候，太陽已經高掛。女人摸出一個饅頭，配著白開水，草草地填了填肚子，然後推開了接待室的門。

接待女人的是一位年輕的工作人員，一張娃娃臉，像是還沒有邁出校門的模樣。工作人員一見女人就叫了出來：「阿姨，我認識您！」女人瞇縫著眼打量起他，說：「是呀，我之前來過兩次，只是不敢邁進這扇門。」工作人員笑笑，露出兩排好看的牙齒：「法院為大家服務，阿姨為什麼不敢進來呢？」女人扯了扯嘴角，也像是要笑，可終於沒能笑出來。

「阿姨有什麼事嗎？」工作人員把女人攙扶到椅子上，溫和地問。

「我是來告我兒子的！」女人咬著牙說，一副恨恨的樣子。

工作人員愣了一下，旋即便在女人對面的桌子邊坐下來，拿出紙和筆，說：「別著急，您慢慢說。」

女人的眼眶瞬間就紅了，她抬手抹了把臉，開啟了話匣子。女人說，她就這麼一個兒子，在兒子七歲那年，他爸出了車禍，離開了，家裡的重擔就落在她一個人身上。養豬、種田、養兒子，她一路跟蹌著走了過來。兒子淘氣，不喜歡讀書，常常帶了一幫孩子在街上打架，她整天跟人家道歉。兒子十八歲時，她想盡辦法換來了現金，請求認識的人讓兒子進入了一間工廠，成了一名工人。後來，兒子大了，該結婚了，她又用存了一輩子的積蓄，替兒子買了間房子，把娶了一個老婆。她想，自己也算熬出頭，該享享福了吧？誰知道，兒子娶了媳婦兒忘了娘，她自己一跤跌進了苦海裡。

「兒子怕老婆，他老婆不讓我跟他們一起吃住，嫌髒，兒子就把我趕進一旁的小倉庫裡，每個月就給一點吃的。媳婦不讓我見孫子，不讓孫子叫奶奶，兒子就不讓孫子與我見面，還動不動就喊老太婆。就連逢年過節，我也是孤苦伶仃一個人。你說，我這是生了個什麼孽種呀？」說到最後，女人嗚咽著哭出了聲。

工作人員的眼睛也有些淚水了，他的一隻手甚至已經握成了拳頭。「別傷心，阿姨，您有什麼訴訟請求儘管提，我們盡量幫您爭取。」

「什麼請求？」女人張大了嘴巴。

「噢，就是要求，您對這件案子有什麼要求？比如，您可以請我們要求你兒子，每個月必須固定給您一筆錢養老。」工作人員提醒道，不像是在審案子，倒像是一位路見不平的俠士，一張娃娃臉上寫滿了仗義。

「那怎麼可以呢？」女人一聽就搖起了頭，「兒子雖說是個工人，但一個月也賺不了多少錢。那點錢要買種子、農藥、化肥，還要養上小學的孫子，花錢的地方那麼多。沒了錢，他的日子該怎麼過？」

工作人員愣了一下，他沒想到女人會這麼回答。想了想，工作人員又說：「不然，把他抓起來，關幾天，讓他長長記性？」

「不行，千萬不行！」女人從椅子上跳起來，連忙擺手，「抓了他，家裡天不就塌了？再說，如果讓工作的地方知道了，他不就被開除了？你們要抓他，那……那我就不告了。」

工作人員嘆了口氣，扶著女人重新坐下：「阿姨您別急，不抓也可以，還有一個辦法，就是在村子裡開個會，讓您兒子當著眾人的面，向您道歉，保證以後認真履行贍養義務。」

「這……」女人皺了皺眉，「這多丟臉呀，以後他和孫子在村子裡還怎麼抬頭？」

「那您到底有什麼要求？」工作人員的臉上有了不耐煩的神色。

「我……也沒什麼別的要求，」女人遲疑了一會，終於鼓起勇氣說，「就是想讓兒子別再嫌棄我，見了面，能叫聲『媽』，孫子別再躲著我，見了面，能叫聲『奶奶』，我也就知足了。」說著，兩行淚又爬上了臉頰。

工作人員瞪大了一雙驚愕的眼睛，看著女人。他看見，女人那綴滿補丁的衣襟上，早已是浸溼一片。

曾經，那敲擊心靈的歌聲

有一段日子，因為工作上的原因，我的情緒一直很低落，又找不到可以傾訴的人，所以每天一下班，就把自己丟進酒吧裡，灌得醉醺醺的。

在同一座城市的表哥聽了我的情況，叫我去他那住幾天。表哥說：「正好我老婆出差，我一個人也很悶。」我苦笑著搖頭。表哥是個工作狂，家裡有時候好幾天都見不到他的影子，跟他住在一起，只會徒增了煩惱。

表哥像是看穿了我的想法，說：「我們這棟有一個鄰居，很特別，凡是認識他的人，煩惱都會消失。怎麼樣，你也認識一下？」我狐疑地看看表哥，不像是開玩笑的樣子，我就點了頭。

搬到表哥家的第一天，我就催著他把那個特別的鄰居介紹給我。表哥說：「別急，慢慢你就會認識的。」表哥又開始忙他的工作了。我依舊形單影隻，一個人下了班，照例繞到酒吧，灌得差不多了，然後回家。

表哥家住的是老式的公寓，樓梯很窄，兩個稍微胖點的人要側著身才能互相過去。有一次，我上樓的時候，恰好碰到一個男人，拄著根枴杖，歪歪斜斜地晃在我的前面。男人的一條褲腿空空的，在大腿處打了一個結，看樣子像是截了肢。我趕忙跟上他，攙住了他的手臂，說：「我幫你吧。」男人扭頭看了我一眼，一臉的和善，說：「不用，謝謝你，我沒問題。」那張臉頂多三十歲，上面寫滿了自信，一點也沒有我預料中的自卑和難堪。

男人就住在表哥家的樓上。我站在門口，看著男人快要爬到家門的時候，嘴裡竟然飄出了歌聲，調子很歡快的那種。接著就是嘩啦啦掏鑰匙開門的聲音，門開啟的一瞬，我聽見男人脆亮亮地喊了一聲：「媽，我回來啦。」

之後的幾天，在樓梯間，我又碰上了男人幾次。男人拄著枴杖晃過表哥家的門口時，歌聲就會像一隻歡快的鳥兒輕快地飛進我的耳朵。然後，就是在他開啟門的一瞬，喊出的那句脆亮的招呼。

見的次數多了，忍不住問他：「您在哪工作啊？」「噢，修鞋，」他溫和地說，「不遠，就在和平橋下，有鞋要修的話就找我啊。」他神情的輕鬆倒讓我有些難為情起來。

那天晚上，我問表哥：「你要為我介紹的那個人，是不是住在樓上？」表哥眨了眨眼，說：「怎麼樣，很特別吧？」我又問：「他的腿怎麼回事啊？」表哥說：「車禍，有好幾年了。」表哥邊說邊繫上圍裙進了廚房，不一會探出頭對著我說：「家裡沒鹽了，你上樓去借一點吧。」

我嗯一聲，上樓，輕輕地敲門。男人開啟門，見是我，很熱情地把我讓進去。我環視了一下屋子，沒有什麼值錢的東西，卻收拾得很整潔。「一個人在家？」我問。「噢，我媽在裡面呢。」男人朝臥室指了指。這才發現，臥室的床上還躺著一位老人。「伯母她……」我欲言又止。「病了，」男人說，「一年多了，下不了床，只能這樣躺著。」

裝鹽巴給我的時候，男人又哼起了歌。我驚訝於他的灑脫和快樂，止不住好奇地問：「你很喜歡唱歌嗎？」男人嘿嘿地笑起來，臉上現出了少有的靦腆，「就算是吧，主要是我媽喜歡聽。她說，聽到我唱歌，心裡就覺得很踏實，飯變得好吃，覺也睡得特別安穩。」

我的心裡一陣悸動。捧著鹽回到家裡，還是不能從那種悸動的氛圍裡走出來。表哥見我一副失了魂的樣子，問：「怎麼啦，有心事？」

我望著表哥，不好意思地笑笑，說：「明天，我回家住吧。」

拯救一條生命

接到大學同學老魏的電話時，我正在工地裡忙得四腳朝天。這棟房子工期很緊，雖然眼下剛進入挖地基階段，但我一絲也不敢懈怠，時間就是金錢！

老魏在電話裡聲音很急，連珠炮似的像是被誰踩到了尾巴。工地上特別吵，我拿著電話跑到一處安靜的地方，叫老魏再重講一遍。老魏說：「大劉，趕快派輛吊車過來吧，要出人命啦！」我忙問：「怎麼啦？」老魏說：「我現在在一處山腰，有人失足掉進懸崖裡了，二十多公尺深的懸崖，在兩座山中間，光禿禿的，人沒法下去施救。」我說你沒法辦法救人找我做什麼？打 110 啊！老魏那邊嗓門大了起來：「大劉我沒空跟你胡扯，我是想用你的吊車，拉根繩子把人吊上來。方圓幾十公里，就你的工地離這裡最近了。」我也扯著嗓門說：「我知道你想用吊車，可我這邊忙得一塌糊塗，哪有空車派給你？再說，工地離你那幾十公里，還全是山路，來回得耗掉我半天時間，損失多少錢，你有算過嗎？」老魏一聽就急了：「媽的大劉你現在只講錢了？那些錢跟一條人命，哪個重要你搞不清楚嗎？」

老魏強調「人」字，像是要把我這個勢利的商人從錢堆裡一摳出來。這傢伙，不過就混了個里長，把自己搞得跟為民請命一樣，好像別人都是惡地主。我哼了一聲，沒好氣地說：「好吧，既然我們的人民公僕已經計算出來了，那就去吧。」

本來打算讓司機一個人去的，要上路的時候，我也跳上了車，救人一命勝造七級浮屠，好處不能全讓老魏一個人占盡。

路很難走，雖然看起來很平緩，卻很多不小的石塊，加上司機把車開得像飛機，一路上顛簸得讓人骨頭都要散了。好在司機路很熟，沒費多少工夫就找到了老魏說的那個地方。遠遠地就看見一群人，圍在懸崖邊，探頭探腦地往下看，還有一對穿著隨意的中年夫婦，蹲在地上，動也不動，不用問，八成是被困者的家屬。

老魏眼尖，拔腿衝過來，抓住我的手說：「有兩個人拉著繩子下去了，傷者已經套好，上面的人拉不動，只好等你了。」我急著問：「人怎麼樣？摔得嚴重嗎？」老魏說：「多虧下面的樹叢擋了一下，沒有性命危險，只是腿斷了。」我又問：「醫生來了嗎？」老魏說：「來了，在下面處理傷口呢。」

我連忙指揮司機，把吊車停好位置，然後指揮大家七手八腳地往吊鉤上綁繩子。開始起吊了，大家退到一邊，緊張地盯著慢慢上升的吊繩，像是盯著一個莫大的希望。兩三分鐘的工夫，站在溝邊的人開始興奮地叫喊：「出來啦！出來啦！」幾個人就伸著手向前，準備迎接傷者。吊鉤卻沒有停下來，而是越過眾人頭頂，慢慢移到一片鬆軟的草地，然後把傷者放了下來。

竟然是一頭牛！四條腿上打著厚厚的石膏。

我有點火大了，衝到溝邊，氣呼呼地朝著下面喊：「怎麼不先救人？牛重要還是人重要？」圍著牛的人都轉過身，用一種奇怪的眼神盯著我，像是聽不懂我的話。

老魏快步走過來，把我拉到一邊，低聲說：「不好意思大劉，是我沒跟你說實話，掉下去的就是這頭牛。」我盯著老魏的臉，愣了半天，才回過神狠狠地推了他一把：「你騙我？」老魏忙從口袋裡掏出一盒菸，賠著笑臉跟我解釋：「我不說救人，你會來嗎？」我一抬手，甩掉了老魏的菸，惡聲惡氣地吼道：「老魏你有沒有替我想過？我這一趟直接損失上萬塊，算上間接損失，買兩頭牛都夠了，你有病啊？」

老魏也沒有惱怒，像是算準了會有這麼一齣戲似的，他討好地拍拍我的肩，說：「大劉，帳不能這麼算。對於你來說，只是損失了一些錢，可是對於這戶養牛的人家，這頭牛就是他們一家的希望。他們去年借錢買了這頭母牛，本來盼望著牠會生小牛，賺一筆錢替孩子湊學費，要是沒了，他們怎麼過？」

我回過頭，看著那個蹲在母牛邊的中年男子，他也正好看過來，一張皺巴巴的臉上爬滿了感恩的笑，嘴裡笨拙地吐出一句話：「謝謝你，恩人。」

我不好意思地扭回頭，又推了老魏一把，怒說：「少來這套！」嘴上這麼說著，腳卻不由自主地朝那頭牛邁去。我想看看，被自己救下的生命到底是什麼模樣。

丈夫的遺囑

清晨，天還沒有亮，她就從床上爬起來。丈夫在礦場出事後，她還沒有這麼早起過。那十多天裡，她的淚水差不多都流盡了，眼窩深陷，眼睛腫得像是要爛掉的桃子。以前那麼堅強的人，像是被抽走了魂魄，整天有氣無力的。

她太愛自己的丈夫了，雖說是相親認識，可是從見面的第一天起，他就在她的心裡住了下來，有了揮之不去的影子。丈夫是個很憨厚的人，高中畢業沒有考上大學，種了兩年田，就吵著要出去闖天下。開始她還捨不得，她已經習慣了在飯桌上看著他吃飯，在床上被他抱著睡覺，牛郎織女似的兩地分居，不是她想要的生活。後來，丈夫輕言輕語地對她講道理，孩子出生了，婆婆年紀也大了，左鄰右舍的房子一個個改建成公寓，嚴實地遮住了自家小平房的陽光，不出去賺錢怎麼行呢？那些道理她都懂。

丈夫走了，每幾天就有一封帶著花紋的信飛回來，告訴她，自己找到工作了，是一家煤礦場。煤礦場是公家經營的，條件很好，很安全。為了安慰她，他甚至還在信裡開玩笑說，別說像私人礦場那樣動不動就出現塌方、瓦斯爆炸，或是掉下來一塊煤砸中了安全帽，都是十年遇不到一次的倒楣事。她信了，於是就開始算著日子，等信和匯款飛來。信很纏綿，匯款的金額也很豐厚，於她這個從小並不富裕的女人來說，美好的日子漸漸地拉開了帷幕，就等著鑼鼓響起來的時刻了。

鑼鼓卻再也響不起來了，只有一塊帷幕孤零零地懸著，在她眼前晃來晃去。她是那天凌晨接到礦場通知的，電話裡說，丈夫出事了，要她馬上到礦場。她不信，丈夫不是說那裡很安全嗎？她一連問了兩遍，才終於相信了自己的耳朵。然後就是一陣眩暈，她覺得天塌了。接下來的十幾天裡，她像是一臺沒有生命的機器，被人牽著東奔西跑。直到生龍活虎的丈夫變成了一個小小的罐子放在她的懷裡，她才明白，過去的日子一去不復返了。

可是，她沒有想到的是，痛苦還遠遠沒有結束。丈夫的死亡撫卹金已經定下來了，一百萬，但是她拿不到，因為丈夫的母親——她的婆婆也在伸手等著。婆婆和她沒有住在一起，一個住東，一個住西，以前丈夫在的時候，她們也經常坐在一張飯桌上，其樂融融地吃過飯，談過心。雖然也有摩擦的時候，但丈夫總能適時地充當潤滑劑，把兩邊都哄得笑顏逐開。說起來，是丈夫把她們牽在了一起，成了母女，成了這個世界上沒有血緣的親人。現在丈夫不在了，她們之間的那條線斷了，瞬間就成了陌路。不是陌路又是什麼呢？不然，婆婆為什麼要來跟自己搶遺產？那是她的丈夫用命換來的錢呀。況且，她已經跟婆婆說得很清楚了，這筆錢不是她自己花的，她是為兒子，也就是婆婆的孫子存的撫養費，兒子眼見到就要背上書包，進校園了，她不能不為他的前途著想。可是婆婆根本就聽不進她的話，婆婆說，妳這麼年輕，能一輩子綁在這個塌了頂的家裡？哪天妳又找了男人，拍拍屁股跟人走了，錢用在誰身上，鬼才知道。婆婆還說，現在的繼父繼母，對待別人的孩子，一個個像惡地主一樣。為了孫子將來不受氣，這筆錢，我得替他存起來。

說到底，她們的目的是一樣的，都是為了孩子，可是孩子是她的，是她身上掉下來的一塊肉，撫養孩子的錢當然得由她管。兩個互不退讓的女人，一開始還能坐下來商量，後來就不行了，就不停吵，不停鬧，甚至有一次，還發生了肢體衝突。有好心的鄰居就勸，說不如去問問處理事故的人，看看男人有沒有留下遺囑。她突然想起來，之前聽礦場的人說，丈夫被挖出來的時候，人還清醒著，送到醫院搶救了一天才走的，說不定真的會有。丈夫是個細心的人，這一點她是知道的，家裡的東西，找不到了，她也不急，張口問他，他總能準確地說出來。鐵鍬、犁、鐮刀，有時候連她自己的東西，他都能找出來。就像一條嗅覺靈敏的狗，她就是這麼跟丈夫開玩笑的。那玩笑裡幸福的味道，只有她知道。

她打電話問了處理事故的人，結果讓她一陣驚喜。丈夫果然是留了遺囑的，連同其他幾個工友的遺囑一起，被醫院錄了下來。之前因為忙著處理事故，還來不及把遺囑告訴她們。不過，電話裡的人說，要聽遺囑，必須丈夫的親人全部到場，也就是說，她、兒子，還有婆婆，他們都到齊了，才能知道遺囑的內容。

她一大早就起來了，丈夫走後，她還是第一次起這麼早。今天是約好聽遺囑的日子，她不想落後，她想快點聽到丈夫的聲音。當然，更想知道丈夫會把這筆錢留給誰。丈夫是愛她的，也是愛兒子的，他不該有其他的選擇。

趕到約定地點的時候，她發現，婆婆已經到了，端端正正地坐在椅子上等著。想不到上了年紀的婆婆，竟然也能跑這麼快！她在心裡嘲諷著。負責處理遺囑的是兩個男人，其中的一個人對她們解釋了半天，內容很長，但她一句也沒記住，跑了這麼遠，她可不是來聽他們扯東扯西的。她的眼睛緊盯著桌上那臺小巧的錄音機，像是要用目光把丈夫的話從裡面勾出來。

男人終於解釋完了，男人開啟了錄音機，短暫的沙沙聲後，一個熟悉的沙啞的聲音從裡面飄了出來。聲音很微弱，像是耳語，但她還是立刻就聽出來了，那正是她朝夕相處了五年多的丈夫的聲音。

丈夫說：媽、莉、兒子，我愛你們。永遠！

莉是丈夫平日裡對她的暱稱。只這一句，剩下的就是帶子空轉時無盡的沙沙聲。淚水從她的眼角悄然滑落，怎麼也止不住。而在對面，年邁的婆婆，早已經泣不成聲……

爺爺和他的棗紅馬

風軟軟的，樹上的葉子倦怠地掛在枝頭，有氣無力的樣子。已經很久沒有下雨了，焦躁的日子撥弄得人心裡煩煩的。路上還沒有車輛，有的只是塵土。爺爺把馬鞭甩了一圈，脆亮的聲響在秋天的原野上蕩漾。我喜歡看爺爺甩鞭的樣子，酷酷的一如古時的騎土。棗紅馬拉著拖車，在通往郊外的路上輕快地奔跑著，馬車後是揚起的滾滾煙塵。

車在一片犁過的玉米地前停下來，爺爺跳下車，把我從車上抱下來，然後他就坐在田埂上，掏出菸袋抽著。竹製的菸斗裡明明暗暗，裊裊的煙滑過爺爺的臉。

地是曳引機犁過的，昨天大舅找的車，花了點錢。大舅不想再讓爺爺扶著鐵犁去翻地了。

「太累了。」大舅說。大舅在一個工地裡當工頭，手上存了點錢。

可是爺爺不願意，他已經習慣了扶著鐵犁的日子。「那些錢，可以買一袋肥料了。」爺爺陰沉著臉。爺爺教訓起人來聲音不高，卻透著一股威嚴。

但這次大舅沒有讓爺爺如願，傍晚的時候，他逕自找了一輛車去了田裡。三畝多的田，半個多小時的工夫，搞定。

爺爺為這件事晚上賭氣不吃飯，我知道，他不僅僅是心疼那些錢，還有被人閒置下來的落寞。爺爺趕了一輩子馬車，他已經習慣了和馬一起勞動的日子。

爺爺在土塊上敲了敲菸斗，收起來，然後要我幫他從車上抬下木耙，套好了棗紅馬。

「小心點爺爺。」我對著爺爺喊著。

爺爺轉過頭，對我笑一笑。穿著露出棉絮的破外套站在木耙上的爺爺，讓我恍惚間記起了在書本上看過的一幅油畫，油畫透著滄桑也透著魅力。

爺爺一手握著馬韁，一手甩著馬鞭，兩隻腳和木耙融為一體，棗紅馬就在爺爺的吆喝聲中邁開了步伐。田裡乾燥得看不見一點泥土，到處都是乾土塊，生冷地躺在那裡。馬蹄在乾土塊上「達達」地踩過去，像敲打著一面沉悶的鼓。牠不時地仰起頭，甩一甩烏黑的鬃毛，發出一聲長嘶。木耙就在爺爺的腳下劃開那片土地，我清晰地聽見塵土翻動過程中爺爺口中哼的歌。

爺爺中午回到家裡，奶奶已經備好了飯菜，飯桌上擺著一碟花生、一碟炒蛋，還有一瓶老酒。爺爺脫了鞋，光著腳蹲在椅子上，還沒洗手就捏起一顆花生丟到嘴裡，喝一口酒，臉上的皺紋在酒香裡慢慢地變得紅潤，爬滿了生機。

「來，小小，過來吃。」爺爺對我招著手，遞給我一雙筷子，又遞給我一杯酒。我怯怯地把酒倒進嘴裡，立刻便發出一陣陣的咳嗽。爺爺就爽朗地笑，夾起一塊炒蛋放進我的嘴裡。

「老大想今天就把馬賣了，已經找好買主了。」奶奶站在桌子前，一邊盛飯一邊跟爺爺說著。

爺爺端酒杯的手抖了一下，顫抖的手有酒灑出來，濺到桌子上。

「不賣，」爺爺咬著牙吐出幾個字，「我就看誰敢賣！」

屋子裡的空氣僵硬起來，我偷偷地看著爺爺的臉，它冷冷的像是落了一層霜。

「可是老大已經找好買主了，吃完飯就過來。」奶奶的聲音細細的，像是一隻蚊子，「再說了，明年就不種玉米了，拿什麼餵馬呀？」

爺爺不吭聲，自顧地喝著酒。酒像一塊沾了顏料的布，把爺爺的臉染成戲臺上的樣子。

大舅張羅賣馬的事已經講了好久了，那塊地明年改種果樹，用不到馬，再說也沒草料，養馬也是累贅。其實大舅主要還是心疼爺爺，年近花甲的爺爺在田裡上操勞了一輩子，也該歇下來喘口氣了。

下午買馬的人過來的時候，爺爺黑著臉坐在馬廄裡，買馬的人畏縮著不敢進去。大舅就對著奶奶使眼色，奶奶過去，輕輕地拍拍爺爺的肩，半晌，拉起爺爺的手，離開了馬廄。

棗紅馬跟著一個陌生的人走了，牠不時地轉頭，向爺爺發出嘶嘶聲。我看見爺爺的眼裡溼溼的，有渾濁的淚滾下來，滴落在塵土裡。

後來聽說那匹棗紅馬被人買走後，不吃東西，生了一場病，死了。臨死的時候，肚裡還懷著一匹小馬。爺爺也大病一場，在床上躺了好多天，彷彿和那匹馬心有靈犀。

這是十幾年前一個秋天裡發生的事。

十幾年後的又一個秋天，沒有任何徵兆，爺爺就在夢裡安詳地走了。送爺爺上路的時候，我的眼裡沒有淚水，我只是在腦子裡不停地反覆播放著那個秋天裡發生的事，播放著爺爺甩著馬鞭站在木耙上的樣子。在天國，在秋天的天國裡，爺爺還會遇到他的棗紅馬嗎？

多收了三五斗

某個假日，媽媽一早就開始在院子裡喊著，起來挖花生啦——

媽媽的嗓門很大，尾音拖得很長，像是喊給全村人聽的。

也難怪，媽媽念著挖花生的事，差不多有半個秋天了。那一年風調雨順，日子格外爭氣，花生的長勢比往年都要好。媽媽每天早上起來，第一件事就是扛著鋤頭，到那兩畝花生田裡看看。有時候也不是為了工作，就是想去看看，就像每天晚上坐在家裡翻看那幾張金額不大的存摺一樣。彷彿這樣多看幾眼，花生就會長得比較快。

逢到節假日什麼的，媽媽就不單是自己去，還要爸爸、我和弟弟一起去。媽媽說，地裡長了那麼多草，我一個人哪拔得完？媽媽還說，花生該澆水了，不然產量會減少。媽媽又說，人勤地不懶，人懶沒飯碗。

我跟弟弟聽慣了她碎念，常常裝作沒聽見。媽媽有的是辦法，媽媽說，花生長得這麼好，多收兩三成是沒有問題的。今年，多收成的花生賣來的錢，幫你們一人買個新書包，再買雙新球鞋。我得承認，新書包和新球鞋的誘惑遠遠大於一場懶覺。弟弟也一樣，經常是媽媽剛承諾完，他就像兔子一樣跟著我往田裡跑了。

媽媽說得沒錯，人勤了，地就不會懶。那一年，我是在聽著媽媽哼唱的有點走調的老歌的日子裡，一點點看著花生成熟的。直到收成那一天。

其實，花生前幾天就可以挖了，但媽媽說，大豐收年，這麼多工作沒有辦法一個人做，得全家一起上陣才行。

整整一個連假，我們全家都在挖花生的快樂裡度過。眼看著一袋一袋的花生，在家裡堆成小山的樣子，我和弟弟彷彿就看見了新書包和新球鞋的影子。畢竟，家境不是很富裕的我們，在同學們面前得意忘形的機會，實在是太少了。

豐收的狂歡結束後，媽媽開始迫不及待地計算收成。媽媽計算收成的方式跟別人不一樣，別人都是用算盤，媽媽用的是一根樹枝，在鬆軟的地上像鬼畫符一樣畫來畫去。一邊畫，嘴裡一邊念念有詞，像是一場朝聖儀式。媽媽說，估算每公畝產能有 300 公斤，按照每公斤 2.5 塊的價格，每畝收成大概有七百塊。減去種子、化肥、農藥，還有人工什麼的，每畝能賺五百，兩畝就是一千呢。

媽媽的眉眼和嘴角爬滿了喜悅，一時竟忘了承諾幫我們買的書包和球鞋。弟弟在一邊不停地提醒，媽才捏著他的臉蛋說，買買買，賣掉就買給你們。

賣花生的那天是個禮拜天。爸爸不休息，去學校改學生的期中試卷了。我跟弟弟想幫忙，媽擺擺手，叫我們不要靠近。收花生的是兩個男人，開著四輪曳引機，兩個人的臉都黑漆漆的，頭髮豎起像刺蝟。媽媽指使著他們從庫房往外搬花生，花生裝在大小不一的破布袋裡，男人每次往地上丟布袋的時候，媽媽都要心疼地叫一聲，慢一點慢一點，花生都被你們丟爛了。

媽媽沒有讓他們把花生都搬出來，搬了一部分，媽媽忽然就喊停了。媽媽像是有點不捨地念著說，先賣這些吧，過陣子說不定還會漲價呢。

接下來就是稱重。兩個男人拿著秤，一袋一袋量，每量一袋，媽媽就拿著樹枝在地上記著重量。剛量完最後一袋，媽媽就算出了總數和價錢，速度快得讓兩個男人傻眼了半天。媽媽說，我算帳很少出錯的，不信你們就再算一遍。男人飛快地數了錢，遞給媽媽說，不用了，我們相信妳。

四輪曳引機在揚起的煙塵裡走遠了。媽媽又開始數手裡的錢，眉開眼笑。我遠遠地看著，都是一百元鈔票，一共十五張，賣了一千五百塊錢。媽媽數了兩遍，拿起樹枝在地上畫起了鬼畫符。我跟弟弟在一邊看著，想等媽媽畫完了，提醒她書包和球鞋的事。

媽媽突然叫了一聲，毫無徵兆地，把我和弟弟嚇了一跳。媽媽忽然站起來，又蹲下，然後一屁股坐在地上，嚎啕大哭。哭了幾聲，好像想起什麼，對著我歇斯底里地喊，快——快去追那個收花生的，別讓他跑啦！

我傻站著，不知道媽媽中了什麼邪。媽媽揚起手裡的樹枝，對我丟過來，快去呀！媽媽的嗓音裡爬滿了哭聲，嚇得我也不敢再問什麼，拔腿就往外跑。跑了兩步，又折回來，從車棚裡推出了一輛破腳踏車。雖說我剛學會騎車，但總比兩條腿快一些吧。

出去的路一共兩條，通向兩個相反的方向。我跟弟弟分頭追，我騎著車，追到一個路口，路變成了三條。我漫無目的地沿著三條路分別追了一段，連個人影也沒見到，只好垂頭喪氣地返回。

家裡聚集了很多人，大家都在勸著媽媽。媽媽的哭聲已經有些沙啞，但她絲毫沒有停下來的意思。我從鄰居斷斷續續的勸解裡，終於明白了事情的原委。媽媽記下的花生數量都是按斤算的，而賣花生時重量卻是公斤算。也就是說，媽媽整整少算了將近一半的錢！

一千五百塊錢，差不多就是兩畝花生全部的利潤！就這樣沒了。一起沒有的，還有我和弟弟惦記了半個秋天的書包跟球鞋。

一連十幾天，媽媽都寡言少語，沉浸在一千五百塊錢釀成的災難裡。我不知道爸爸是用什麼辦法勸解媽媽的，一個多月後，我們才第一次在家裡見到了媽媽的笑臉。

第二年夏收前，爸爸問媽媽，還種花生嗎？媽媽狠狠地瞪了爸爸一眼，生氣地說，不要再跟我提花生，花生都已經死了！

我們都知道，媽媽這句話是說給那兩個收花生的人的。可惜的是，他們沒機會聽了。因為自從那之後，我們家再也不種花生了。

傻四叔的幸福生活

認識四叔的人都說四叔有點傻。小時候，在同年齡的孩子裡，四叔的個子是最高的，可是每次放學，四叔都是流著淚鼻青臉腫地回家。奶奶經常數落他，也沒少開導他，四叔改不了。和人打架的時候，四叔站在那，盯著人家的拳頭也不躲，像個活靶。

四叔的書念得也不好，國中沒畢業就回家種田了。爺爺是個種田的好手，他一心想教四叔種田，好讓自己有個喘息的時間。四叔種田的本事並不比讀書強多少，他管理的莊稼常常讓爺爺氣得跳腳。

漸漸地，沒有人再在四叔身上抱任何幻想了。奶奶說，知道自己張開嘴吃飯，伸出手穿衣服，知道找個老婆過日子就行了，農家人，就這樣吧。

四叔當然是知道吃飯穿衣的。誰心裡都知道，四叔不是傻，四叔是太沒有心眼了。

轉眼就到了四叔論及婚嫁的年齡，四叔又成了奶奶心上的一塊傷疤，一碰奶奶就椎心地疼。奶奶自己就是鄰里有名的媒人，牽的線搭的橋不知成就了多少鴛鴦，但在四叔身上，奶奶完全沒辦法。見了一個又一個女孩子，像跑馬燈似的，只見了一次，人家拍拍屁股就走了，什麼話也不說。奶奶再請人去幫四叔牽線的時候，媒人們各個頻頻搖頭，就算奶奶特別去買來的謝禮，也有再有人心動。人家媒人說，四叔一遇到女孩子，人就成了根木頭，是個啞巴還知道啊啊兩聲呢，四叔不知道，四叔只會漲紅了臉盯著腳上的鞋尖玩手指，彷彿他的鞋尖上有人家女孩子的臉。

眼看著四叔的年紀越來越大了，在那個時候，年紀大了是不容易找另一半的。奶奶每天急得像著火似的，一刻也坐不住了。她再也顧不上自己的面子，提著東西跑到一個遠房親戚家，低聲下氣地求著。

奶奶的苦心為四叔迎來了又一次機會，這一次，奶奶為了不再讓四叔盯著自己的鞋尖玩手指，就花了幾天的工夫教四叔說一些場面話。那時候正是深冬，屋裡燒著火爐，奶奶教四叔，見了對方就說「天氣真冷，去火爐旁坐著比較暖」，然後又端了一籃花生放在桌子上，叫四叔跟對方說「也沒什麼好吃的，吃點花生吧」。

四叔那幾天什麼也不做，把那幾句話背熟了。

見面那一天，遠房親戚把女孩子帶到家裡，互相介紹了一下。這個女孩子個性大剌剌的，像進了自己家一樣，揉著凍得通紅的臉說，今天真冷啊，一邊就端起桌上的花生坐到了火爐旁。

四叔木訥地走到女孩身旁，說，今天天氣真冷，去火爐旁坐著比較暖。四叔像個背書的小學生，一字一句生怕說錯了話。那女孩子愣了一下，撲哧一聲笑了起來，我現在不就在火爐旁嗎？四叔臉紅了，接著說，也沒什麼好吃的，吃點花牛吧。女孩笑得顫成了一朵花，她指著四叔說，你真有趣，我現在吃的是什麼？四叔就不敢再說了。女孩止住笑，假裝嚴肅地問四叔，你家裡狀況怎麼樣？四叔支支吾吾了一會，不記得奶奶有教過他這些話，當下也沒有辦法再去問奶奶了。他對女孩說，我家是務農。女孩說是有錢的還是沒錢的？四叔脫口就說，正常的，反正就是正常的。

幾乎所有的人都對四叔的婚事不抱希望了，但奇怪的是，女孩卻爽快地答應了這樁婚事。她說，四叔沒有心機，嫁進去不會白受氣。

就這樣，女孩成了我的四嬸，四叔終於解決了奶奶的一樁心事。婚後的日子，四叔果然過得很幸福，他跟四嬸的性格正好相反，四嬸敏捷俐落地處理需要跟外人接觸的事，四叔老老實實地工作，家境一天一天變好。

前幾年，鄉公所提議大家可以養乳牛，但一頭小牛幾萬塊，沒有人敢出手。四叔就在四嬸的建議下在農會貸了一些錢，買了十幾頭乳牛。都市裡的人喜歡讓孩子喝牛奶，牛奶在都市中供不應求，牛奶公司的收奶車天天開到四叔的家門口，一手交錢一手交貨。收奶的人見四叔老實，就和四叔簽了三年的合約，還付了一筆不小的定金。除了收奶，還負責幫四叔提供技術。四叔很快就成了鄉裡少數的有錢人，有錢後的四叔買了一輛汽車，說是為了方便工作。

四叔把汽車開回來的時候，好多人都瞪著眼睛，伸長了脖子。他們想破頭也搞不懂，那個曾經傻得差點連老婆都娶不到的四叔，怎麼就遇上了這樣的傻福呢？

哥哥要訂婚

哥哥終於要訂婚了。

一大早，母親就開始忙前忙後，把哥哥收拾得整整齊齊的，然後，把一個藍布包小心地塞進哥哥貼身的口袋裡，布包裡是6,000塊錢。相親的時候，女方說了，給6,000塊錢，再買兩件衣服，就把親事定下來。那段日子，為了這6,000塊錢，母親幾乎沒有睡過一個好覺。她先是把家裡唯一值錢的一頭豬低價賣了——那頭豬還不夠斤兩，但母親也顧不得了，又四處拜託親戚求鄰居，總算籌到了4,000塊。還差2,000，母親實在沒轍了，最後，母親把目光落在了我的身上。那時，我正打算去市區的一間中學讀書，剛剛跟母親要了2,000塊錢。母親猶豫著說：「小小，要不……把你的學費給你哥吧？媽媽回來幫你籌。」「我不要！」我摀著口袋說，「我就是不要！」我知道，這錢給了哥哥，我就再也念不成書了。母親的淚就流下來了，母親哀求著說：「小小，你晚讀一年書不打緊，總不能讓你哥一輩子光棍吧。」我也哭了。為自己，也為哥哥。

那年，哥哥已經29歲了，在鄉下，跟哥哥一樣大的人，孩了差不多都該念小學了，但哥哥仍舊單著身。不是因為哥哥長得醜，哥哥的模樣端端正正，稍微整理一下就像極了電影裡的明星。也不是哥哥的腦子不好，哥哥讀小學的時候，也常常拿到獎狀。到頭來都是因為家裡窮。父親在一家磚窯工廠工作，不小心傷到了腰，雖然沒有造成什麼大病，卻再也沒辦法做勞力的工作。母親守著幾畝薄田，一年生產的糧食只剛好足夠填飽全家的肚子，哪裡有錢讓哥哥買房子？輟學後，哥哥也曾提出去磚窯工廠工作，母親怎麼都不答應，母親說，寧可過著窮日子也不願意家裡再多一個病人了。幾年間，他人幫哥哥介紹的對象，在我們家簡陋的房子裡像跑馬燈般一個換一個，來的時候都是歡天喜地的，走的時候卻一個個噘著嘴，垮著臉。

我成全了哥哥。那天早上，哥哥帶著錢走後，我們全家都待在家裡，急切地等著哥哥的消息。母親甚至隔沒多久就要到外密，看看哥哥回來了沒有。天剛黑的時候，哥哥終於回來了，一回來，哥哥就哭喪著臉蹲在院子裡的棗樹下，一言不發。母親不停地追問，問了好幾次，哥才小聲的說：「媽，我把錢弄丟了。」「在哪裡丟的？」母親一驚。「在市區，買衣服的時候，可能被偷了。」哥哥說。

哥哥說的話像當頭棒喝，母親立時就癱在了地上。屋裡的父親彎著腰衝出來，順手拿起一把掃把就往哥哥的身上打。哥哥不躲，就那麼傻傻地蹲著，承受著父親暴風驟雨般的拍打。打了一會，父親忽然把掃把丟了，痛苦地蹲在母親身邊，無助地扯起了自己的頭髮……

第二天，媒人來了，問哥哥為什麼不去送衣服和錢。母親苦著臉說明了情況。媒人搖了搖頭，說：「老大怎麼這麼命苦啊？」頓了一下，媒人又說：「但這件事該怎麼辦？那邊說了，三天不送去衣服和訂婚的錢，這件事就……」媒人看看哥哥，又看看母親，沒有再說下去。母親強打著精神笑了笑，說：「妳放心，三天內我一定把錢湊齊。」

母親又開始借錢了。從早上天還沒亮就出門，一直到屋子裡亮起了燈，母親整整奔波了三天。三天後，母親坐在桌前，把借來的零錢鈔票都攤在桌上，和父親一遍又一遍地數著。一共 2,200 元，離 6,000 元還差得遠呢。我聽見父親用手捶著桌子，恨恨地罵了一句：「沒用的兒子，讓他一輩子在家裡蹲算了！」

媒人又來了，母親拎出一籃準備好的雞蛋，央求道：「妳能不能再去跟他們商量商量，讓他們緩幾天？」媒人看了看那籃雞蛋，沒有接過去，嘆了口氣，走了。這一走，就再也沒有上過我們家的門。

過了幾天，哥哥又提出要去磚窯工廠工作，母親仍舊不同意。但這次哥哥似乎鐵了心，哥哥說：「媽，妳總得讓我把弄丟的錢賺回來吧。」母親眼光看著父親，父親正抽著菸，裊裊的煙霧滑過他清瘦的臉。沉吟了一會，父親終於說：「讓他去吧，總不能真的讓他在家裡蹲一輩子吧。」

哥哥收拾行李走了。哥哥走的那一天，他悄悄地把我拉到一旁，從懷裡掏出一個藍色布包遞給我。我問哥哥是什麼，他笑笑，什麼也沒說。

哥哥走遠後，我才想起來打開那個布包。打開後，我就傻了，藍布包裡包著的正是母親交給哥的訂婚錢！錢上面還壓著一張疊得方方正正的字條，字條上是哥哥的字：小小，好好念書吧。

我對著哥哥的背影歇斯底里地喊了一聲：「哥——」就哽咽著再也說不出話來。

送你一隻羊

村長找到王大鵬的時候，王大鵬正在村後的山坡上放羊。羊群一隻一隻雲朵似的散落在草叢裡，王大鵬則悠閒地躺在午後的陽光裡，有一搭沒一搭地哼著歌。

村長喊了一聲王大鵬。王大鵬急忙爬起來，說怎麼啦？村長說，跟你商量一件事。王大鵬就豎起耳朵聽。村長說，村裡不是有幾家低收入戶嗎，往年都是鄉公所發點救濟糧食、救濟金什麼的，今年鄉公所通知說不發了，叫我們村子裡幫忙。我們剛修完路，沒錢，這你也知道。村裡打算把這件事讓負責的人處理，一人幫一家，每人捐獻一些錢和一定數量的糧食。但我們村裡有7家低收入戶，6個負責人，還有個王阿貴家沒人照顧，我想說你這兩年養羊有點錢，打算請你幫個忙，你沒有意見吧？

王大鵬不太高興，說，年年幫，年年窮，要幫到什麼時候？村長臉一沉，怎樣，還沒幫就不耐煩了？都是鄉親，你總不能看著人家去乞討吧？王大鵬咧開嘴笑笑，說村長您誤會了，我不是那意思。村長說不是那意思就好，明天上午9點，我們一起出發。

第二天上午，村長帶著幾個負責人開始一戶一戶送救濟金跟食物，送到王阿貴家，村長喊，王大鵬呢？王大鵬從一邊跑了出來。村長問，東西呢？王大鵬踮著腳從路邊的樹上解下一隻羊。村長說送這個？王大鵬說送這個。村長說不是說好送錢和食物嗎？王大鵬說誰規定救濟只能送錢和食物？村長無話可說。

王大鵬把那隻羊牽到王阿貴跟前。王阿貴剛想接手，王大鵬說，你等等，我還有話說。我不是要送你這隻羊，這是隻母羊，已經懷了小羊，你好好養，產下的小羊歸你，母羊還是我的。養不好，母羊出問題了，你得賠我。

王阿貴一聽，看看王大鵬，又看看村長，不知道該不該接。村長在一旁吹鬍子瞪眼，好個王大鵬，你是救濟還是詐騙？王大鵬說，我怎麼是詐騙呢？我好心好意送他羊呢。村長說，送東西哪有像你這麼囉嗦的，養不好還得賠你，什麼道理？王大鵬說我不管，想讓我救濟就得答應我的條件。村長指著王大鵬的鼻子，氣得直跺腳。但村長畢竟是村長，他還是忍下來了。村長最後一拍大腿，說好，我就答應你。

王阿貴牽了羊後，王大鵬沒幾天就過去看看，看到第五次的時候，羊不見了。王大鵬拉著王阿貴問，羊呢？王阿貴對牆角噘嘴。牆角堆著一堆羊骨頭。王大鵬一看就氣炸了，你殺了羊？王阿貴懶洋洋地伸了個懶腰，說，不殺怎麼辦？中秋節，大家都烤肉，我也很想吃。王大鵬大吼，你當初可是答應過我的，你得賠我！王阿貴邊剔著牙邊在陽光照射到的地方坐下來，我知道，你看看房子裡有什麼可拿的就拿吧。王大鵬滿屋子看了看，除了破碗就是爛罐，滿屋子臭味，無處落腳。王大鵬一跺腳，說，你等著，我找村長去。

村長聽了王大鵬的來意，打著哈哈說，我還以為有什麼事呢，你羊已經送了人家了，管他是吃還是賣。王大鵬說，我們當時可是有協議的，你不能不管啊。村長說什麼協議，我怎麼不知道？王大鵬說村長你還想賴帳？村長一揮手，我很忙，沒時間跟你閒扯，這事之後再說。王大鵬急了，村長你要是不管我就去告了。村長眼一斜，好啊，你倒是告給我看看。

王大鵬真的就上告了。兩個警察很快跟著王大鵬來到了王阿貴家。王阿貴一輩子沒見過警察，一看到，腿直發抖。警察問什麼他答什麼。調查完，警察問王大鵬，要調解還是要告？王大鵬說還是調解吧。警察說你有什麼條件？王大鵬想了想說，我那羊是隻種羊，很值錢，讓他賠他也沒這個能力，要不這樣吧，讓他幫我養兩個月羊，就算兩清了。警察又問王阿貴，可以嗎？王阿貴點頭如搗蒜。

村長知道了直罵王大鵬黑心，想當地主，讓鄉親當你的勞工！村裡人也跟著罵。王大鵬不理。王大鵬讓王阿貴一心一意幫著他養羊，從生產飼餵放養，到選種防疫看病，樣樣不落。兩個月很快就過去了。工期滿的那天，王阿貴想走，王大鵬拉住了他。王大鵬從羊圈裡抱出兩隻小羊，遞給王阿貴說，你賠我的羊是懷了小羊的，我說過，母羊歸我，小羊歸你，這兩隻羊就是你的。王阿貴遲疑了一下，接了過來，想說點什麼，嘴巴動了動，終於沒有說出來。

王阿貴這次沒有殺羊，而是精心餵養。那羊真是好，不到兩年的工夫，滾雪球似的成了一群。王阿貴也開始放羊了，每次路過王大鵬的門口，王阿貴都會扯著嗓子吼一聲，王大鵬，現在別說一隻羊，就是十隻羊我也能賠你啦！

聽到的人都笑，王大鵬也笑，而且是笑得最開心的一個。

父與子的對話

孩子和男人坐得很近，臉幾乎就要貼在一起。看得出來，孩子稚氣的臉上全寫滿了興奮。

「爸爸，」孩子說，那口氣像是在呼喊，「告訴你一個好消息，我當班長啦！」孩子六歲，六歲的孩子一間知名的小學讀一年級，動不動帶各式各樣的獎狀回家。

「是嗎？」男人笑開了嘴，一朵笑在唇邊悄無聲息地綻放。已經很久沒見到孩子這麼開心了，有多久呢？男人的心像有蜂螫過，隱隱地一痛。

「是啊，」孩子蜷縮成一隻小鹿，努力地往男人身邊拱著身子，「老師說，以後的自習課，她不在的時候，就由我負責呢。老師還當著全班同學的面，說我是小老師。」

「是嗎？」男人重複著剛才的話，側過頭，很認真地傾聽，完全不像他坐在講臺上滔滔不絕的樣子。

「對了爸爸，我還帶了兩件禮物給你。」孩子把手伸進書包，摸索出一本花花綠綠的圖畫書，還有一件玩具。孩子把書本攤開，然後指給男人看：「這是一個探險迷宮，一共十關，你只有找對前面的出口，才能知道下一關的入口，很好玩。」

「媽媽買的？」男人掃了一眼圖畫書，目光落到了孩子身邊的女人的臉上。

「才不是呢。」孩子撇了撇嘴，把手搭成喇叭狀，說起了悄悄話，「實話跟你說吧，這是我在自習課上沒收的。當時，老師叫大家預習課文，可是坐在我前排的小毛卻把頭埋在桌上，偷看圖畫書，被我當場抓包了。」

「為什麼不交給老師呢？」男人剛剛還在跳動的眉梢，忽然皺了起來。

「我本來是想交給老師的，可是後來覺得圖畫書很好看，就自己留了下來。」孩子可能覺得理虧，垂下了頭，聲音輕得像蚊子。

「老師信任你，才讓你當班長，你也得讓老師放心不是嗎？圖畫說是你沒收的，但不是你的，明白嗎？」男人耐心地說。

「我知道，可是，不就是一本圖畫書嗎？」孩子不以為然。

「現在是一本圖畫書，可將來也許就不只是圖畫書了。」男人的語氣凝重起來，「古人說，小時拿針，大時拿金。意思就是說，小時候拿別人一根針不當回事，長大了就會去拿人家的錢……」

「我才不會拿人家的錢呢。」孩子急切地打斷了男人的話，像是要甩掉沾在身上的汙點。

男人愣了一下，一時不知道說什麼好了。男人看見了孩子手裡的另一件東西——一個機器人玩具，於是岔開了話題：「還有一件禮物呢？幫爸爸介紹一下吧。」

「這個是電動的超人力霸王，它會很多招式，很厲害喔。」孩子畢竟是孩子，臉上的陰雲一掃而光，燦爛起來。孩子還開啟了電源，超人力霸王果然開始舒展四肢，摩拳擦掌。

「嗯，不錯。」男人點了點頭，「這個該是媽媽買的吧？」

「也不是。」孩子一邊逗弄著機器人，一邊漫不經心地答，「這個是劉小柳送的。」

「他為什麼要送給你呢？」

「老師要班長推薦小組長，劉小柳想讓我投他一票。」

「又犯錯了。」男人的眉再次皺了起來。

「這個是他送的，又不是我拿的。」孩子辯解道。

「那他為什麼不送給別人呢？」

「別人不是班長，沒法投他的票。」

「對啊，你可以投票，所以他才會送玩具給你。那你說，他適合當組長嗎？」

「他笨死了，老是抄我的作業。」

「那你會投他票嗎？」

孩子不吭聲了。

「吃人家的嘴軟，拿人家的手短。知道是什麼意思嗎？」

孩子懵懂地點點頭，又搖了搖頭。

男人探過身子，還想講下去，一直緘默著的女人插了話進來，女人不滿地說：「跟孩子講這些幹什麼？孩子天天想你，好不容易見一次，就不能說點開心的？」女人把孩子從椅子上抱了下來，「好了，我們該走了。」

剛走到門口，男人的聲音又急切地追了過來：「回去後，記著讓他把東西還給人家，千萬別忘了啊！」

「知道了。」女人應了一聲，沒有回頭，扯著孩子加快了腳步。

沉重的鐵門在身後「砰」一聲，隔斷了男人的視線。

孩子望著那扇鐵門，吸著鼻子問：「爸爸什麼時候才能回家啊？」

「學完了就回來。」女人慌亂地敷衍著。

「學？」孩子睜大了好奇的眼，「學什麼？」

「重新做人。」女人盯著孩子烏黑閃亮的眸子，一字一頓地說，像是要把幾個字嚼碎了，融進孩子的骨子裡。

班上來了個新老師

老師推門進來的時候，班上仍舊亂哄哄的，嘈雜得像個菜市場。我們幾個坐在後排的男生，旁若無人地喧譁著，尤其是呂小飛，上衣鈕扣散亂著，露出黑黑的胸脯和一根根肋骨，一隻腳還放在課桌上，不停地抖動著，像是街上的流氓無賴。

我叫李曉芳。老師一邊自我介紹，一邊拿起粉筆開始在黑板上工工整整地寫下自己的名字。教室裡的喧鬧聲小了下來，我們的目光轉向了這位新來的老師，一身天藍色的套裝，齊耳短髮，瓜子臉，大眼睛，嫻靜漂亮。

還沒等老師寫完，呂小飛就在後面搖頭晃腦地哼唱起來，有個女孩叫小芳，長得好看又善良，一雙美麗的大眼睛……聲音雖然不大，但全班的同學肯定都聽見了，因為大家都笑得人仰馬翻，一點也不像上課的樣子。

呂小飛就是為了故意惹這位新來的李老師生氣的，他喜歡惹老師生氣，之前的那個班導就是這樣被他氣走的。但李老師回過頭的時候，我們發現她竟然還笑著，露著好看的牙齒。剛才是誰唱的？不錯啊，挺好聽的。李老師溫柔地說，可惜這節課不是音樂課，而是國文課。這樣吧，如果真的想唱歌的話，星期三的時候，我可以和音樂老師商量一下，把我們的班會改成班級演唱會，給大家一個盡情展示的機會，好不好？

教室裡出現了短時間的寧靜，然後是一陣掌聲，很熱烈，看來大家開始接受這位新來的女老師了。呂小飛撇了撇嘴，他不甘心自己就這麼失敗了。呂小飛從座位上站起來，說，老師，妳不敢！李老師仍舊保持著微笑的樣子，問為什麼？不為什麼，呂小飛說，反正妳不敢。李老師歪著頭想了想，說，這樣吧，我們打個賭，如果星期三能夠舉辦班級演唱會的話，你就第一個唱歌給大家聽好嗎？要是妳輸了呢？呂小飛斜著眼問。你說吧。李老師微笑著望著呂小飛。要是妳輸了，以後上課的時候，我們想怎麼樣就怎麼樣，妳不要管。呂小飛揚著一臉壞壞的笑。

接下來，我們就開始等待班會的日子，我們這幫調皮的男生還是第一次這樣熱切地等待一節課，雖然等待裡充滿了火藥味。

星期三下午，李老師真的來了，還帶來了一架鋼琴。簡短的開場白後，李老師坐在了鋼琴邊，用期待的眼神望著呂小飛。幾十雙眼睛也都望著呂小飛。呂小飛忽然變得像個女孩，臉頰羞得緋紅，扭扭捏捏的樣子，全然失去了平時的蠻橫和威風。

唱吧。李老師鼓勵著。班上一些同學也跟著附和。唱就唱。呂小飛吸了一下鼻涕，清了清嗓子，開始唱起來，他唱的是《外婆的澎湖灣》，聲音很小，像蚊子哼哼，哼哼聲完全淹沒在鋼琴聲裡了。大家鼓勵一下，讓呂小飛同學唱得聲音大一點，好不好？李老師提議道。

班上響起了熱烈的掌聲。呂小飛猶豫了一下，聲音大了起來，音調也漸漸地變得正常。正常的呂小飛唱得很好聽，尤其是在李老師悠揚的琴聲裡，我們都聽得如痴如醉。唱完後，李老師第一個鼓起了掌。

接下來，同學們照著順序，一個接一個地唱，氣氛異常地熱烈。

班會進行到一半的時候，教室的門忽然開了，校長走了進來。大家愣住了，空氣中充滿了緊張的氣氛。緊繃著臉的校長看看我們，又看看李老師，對著李老師一招手，說，妳到我的辦公室來一下。

李老師跟著校長走了。大家一時面面相覷，不知道該如何是好。呂小飛自告奮勇地站起來說，我去看看。說著就悄悄地跑了出去。回來的時候，呂小飛噘著嘴，說，李老師被校長罵哭了。說這句話時，呂小飛一臉的凝重，絲毫沒有以前幸災樂禍的樣子。大家靜了下來，都不說話。

過了一會，李老師也回來了，眼睛紅紅的，看來是真的哭了。但她的臉上還是掛著微笑，輕輕地對我們說，好了同學們，班會繼續舉行，不過為了不影響別的班級上課，我們不唱歌了，改成朗誦，好嗎？

那節班會後，我們都變了。尤其是呂小飛，一到李老師的課，就坐得端端正正，像一個小學生。

後來，聯考的時候，我和呂小飛都出人意料地考上了大學。即將離開那所高中的時候，我們幾個男生商量著，買了一份小禮物給李老師——一個漂亮的筆記本和一支鋼筆。然後，大家在筆記本的扉頁上開始留言，每人寫一句發自內心的話。

輪到呂小飛的時候，他拿著筆想了想，寫道：我是一個孤兒，從小跟著爺爺奶奶長大，從來不知道母愛是什麼滋味，是您，李老師，讓我重新感受到了那種滋味。我多想叫您一聲媽媽，可是，我聽說，女人是不喜歡人家把自己叫老的，那就允許我叫一聲姐吧！姐姐，您聽到了嗎？我會永遠記住您，是您改變了我的一生。

寫這句話的時候，我們看見，一向玩世不恭的呂小飛，眼睛裡竟然有晶亮的東西在不停地閃動。

名師的誕生

學校請了一位名師，校長打算讓他為我們上堂示範教學課。校長說：「讓我們這裡的國中也要學一點新的教學方法，趕上時代潮流。」

名師叫王大鵬，是得過獎的教師。在教育界，王大鵬的知名度不亞於風靡全國的電視節目。凡是夾著教鞭站在講臺上的，沒有人不知道他，甚至有老師開玩笑說：「當老師不知道王大鵬，就比如法國人不知道拿破崙、美國人不知道華盛頓。」

第二天一早，我們便整整齊齊地坐在了教室裡，殷切地期盼著這位仰慕已久的名師的到來。學校安排的示範教學課在第一節，八點整，名師準時出現在了教室裡。在校長的歡迎辭後鼓完掌，大家多多少少都有點失望，站在我們面前的名師三十幾歲，人長得清清瘦瘦，個子也不高，完全不是我們想像中高大的樣子。

開始上課後，名師先來了段開場白：「同學們，大家好，今天，我不是來為你們上什麼示範教學課的，而是來互相學習的。等等我講課的時候，第一，大家不要記筆記，只要用兩隻耳朵就夠了；第二，如果我有講得不對的地方，儘管提出，我這個人臉皮厚，大家不要擔心我找不到地洞鑽；第三，你們有什麼問題想提問，隨時可以舉手，我的話也不是金枝玉葉，打斷了不用賠錢；第四，如果你覺得我講得不夠好，可以看點課外書，也可以打打瞌睡。不過我要提醒大家，盡量不要交頭接耳，以免吵醒那些打瞌睡的同學。廢話完了，言歸正傳——」

名師的開場白贏得了一片笑聲，還有不少掌聲。大家笑了一會，又都恢復了正襟危坐的樣子。我在心裡暗暗地對這位名師的亮相打起了分，分數不高。我總覺得，一個老師在學生面前就該樹立起威嚴，講白了就是讓學生有點怕你才對，怎麼能這樣嘻嘻哈哈呢？

不過說實話，名師的課講得還不賴。他沒有帶教材，手裡只捏著一支粉筆，卻把通篇課程講得言詞生動有趣，章法分明。講課的間隙，還不時地穿插些互動遊戲，讓學生自己發現問題、提出問題、解決問題。課堂氣氛非常活躍，始終也沒有出現看課外書和睡覺的現象。

但我還是認為，這堂示範教學並沒有什麼特別出色的地方，除了在引起學生的積極性上有些另類，別的方面也實在有負「名師」的頭銜。

接近下課的時候，名師又別出心裁點名了幾位學生，讓他們談談這堂課的收穫。被叫到的學生都很興奮，先報自己的名字，再列點講著收穫。叫到王旃的時候，出了一點意外。王旃沒有老老實實報上自己的名字，而是逕自走上講臺，在黑板上寫下了「王旃」兩個字，然後一臉壞壞地笑望向名師：「老師，這就是我的名字。」

王旃是班上最調皮的學生，他的老爸也不知道從《國語辭典》的哪個角落裡翻出了這麼一個字，難倒了不少老師。據說王旃用這種方式，讓不少初上講臺的老師下不了臺。不過王旃也因為這點小陰謀，時常被老師罰站。

現在輪到這位倒楣的名師了。名師看看黑板上的字，又看看王旃，溫和地說：「比腦筋急轉彎還難呢。不過我也要行使一下我的權利，底下哪位同學願意幫我念一下？」

沒有人搭腔，大家都屏息靜氣，等著看熱鬧。

「好，」名師轉向王旃說，「這位同學，你的名字取得不錯。不過老師很慚愧，這個字我也不認識，你能告訴我嗎？」

名師的回答讓王旃愣住了，也讓我們這些聽課的學生愣住了。遲疑了一下，王旃回答：「王旃（ㄓㄢ），旃的意思是『旗子』。」

「嗯，寓意不錯，」名師伸出了拇指，「謝謝你今天教了我一個字，也算是我的一字之師了。」說完，名師低下頭向王旃鞠了一躬。

這大大出乎王旃的意料，也出乎我們大家的意料。片刻的寧靜後，不知是誰帶頭鼓起了掌，緊接著，掌聲如潮水般淹沒了我們的思緒。

班上來了個新學生

和平路小學一年級2班的班導吳老師最近總有件事讓她擔心。

也不是什麼大事。校長帶來一名新生，叫王小梅，安排在了吳老師的班上。王小梅太特殊了，竟然是一位跟吳老師年紀差不多的女人！

一個禮拜的課程結束後，吳老師的擔心應驗了。那天，教數學的劉老師氣呼呼地來找吳老師，張嘴就說：「求求妳，把王小梅弄走吧，不然，這課沒法辦法上了。」

原來，那堂數學課上，劉老師出了一道題目，讓大家回答：「小明拿著錢去買熱狗，買一個多2元，買兩個差3元，一個熱狗多少錢？」

坐在後排的調皮男生王小淼把手舉得高高的。劉老師點了他的名，王小淼站起來說：「我不會。」劉老師有點生氣：「不會舉什麼手？」王小淼一指身後的王小梅：「老師，她會。」

劉老師就望著王小梅，全班同學都望著王小梅。王小梅扭捏地站起來，用手指算了半天，才小聲回答：「5元。」

劉老師很高興：「非常正確，請坐。」受了鼓舞的王小梅沒有坐下，卻忽然大著膽子問了一句：「老師，一隻狗才5塊錢啊？」

短暫的寂靜後，課堂立時便被一陣笑聲淹沒了。不少同學一邊笑一邊跺著腳，有幾個甚至笑得按著肚子，滾到了桌子底下。課堂秩序頓時大亂，任憑劉老師怎麼敲桌子，也沒人再聽他的了。

「吳老師，妳說，這樣下去，我的教學計畫不就全都亂了？跟不上進度，責任算誰的？」劉老師推了推鼻梁上的眼鏡，越說越激動。

吳老師的心裡也很亂。但她畢竟是班導，何況，校長當時也曾語重心長地跟她講過一番道理。

吳老師只好安慰劉老師說：「王小梅這樣的年紀，又拿起書本，甘願當一名小學生。這種精神和求知的勇氣，身為教育工作者，我們唯有尊重。」

沒想到，數學課風波平息沒幾天，又發生了一件麻煩的事。

週五，學校舉行體操比賽。比賽以班級為單位，全員參加。賽前，體育老師建議，不讓王小梅參賽。吳老師思考了半天，還是決定讓王小梅上。說到底，這不過就是個學校內部的賽事，拿不拿名次無所謂，傷害了王小梅的自尊心，問題可就大了。

比賽一開始，果然不出體育老師所料，王小梅身體僵硬、遲緩，嚴重影響了班級的協調性。到最後，全班同學都停下來，盯著王小梅一個人，笑得人仰馬翻，像是在看馬戲團的猴子。比賽陷入了混亂。

更讓人難堪的是，教育局的長官竟然正好私訪學校，目睹了那場「混亂」的全過程，並且還錄了影。

面對這一切，吳老師再也坐不住了。她一狠心，邁進了校長的辦公室。

聽完吳老師的「控訴」，校長沒有急著表態，而是笑呵呵地為吳老師倒了一杯水，然後漫不經心地說：「吳老師，我看這樣吧，明天，妳到王小梅家裡做個家訪，順便把轉學的事告訴她，好嗎？」

吳老師想了想，點了點頭。

王小梅的家在郊區。吳老師騎著腳踏車，在一片低矮破舊的住宅區裡拐來拐去好長一段時間，才好不容易找到。一進門，吳老師就看見王小梅趴在客廳的飯桌上，正在幫一個男孩輔導功課。男孩八九歲的樣子，身形消瘦單薄，讓吳老師吃驚的是，男孩的臉龐有些扭曲，眼神有些呆滯，嘴角掛著長長的口水，也不擦一下，一看就知道是有智力障礙。

見到吳老師，王小梅驚訝得張大了嘴巴，許久才意識到要請吳老師入座。

「他……」吳老師一時不知該怎麼開口。

王小梅漲紅了臉，困窘得像個犯了錯誤被人當場揭穿的小女孩。她說：「他是，我兒子。」

一陣尷尬的沉默之後，王小梅抿著嘴唇，像是下了很大的決心，說：「吳老師，既然您已經看到，我也就不瞞您了。我兒子，是小兒麻痺，看了很多次醫生，都說治不好。既然老天爺讓他變成了這個樣子，我們也只好認命。但眼看著兒子長大了，總不能讓他長成白痴吧。我決定讓他讀書，跟別的孩子一樣，背上書包進學校。那幾天，我跑了很多所小學，卻沒一家願意接收。我能理解，兒子這個樣子，進了學校也只能是個累贅。後來，我想了一個辦法，替兒子上學，然後再回來教他。可是，學校也不肯收我。沒辦法，我只好跑到教育局求人，剛巧在那裡碰上我們的校長。校長聽了我的遭遇，當即同意接收我，還答應為我保密。吳老師，我知道自己為學校添了很多麻煩，但我不是故意的，真的不是……」聽到這裡，吳老師的臉上淌滿了淚水。

回來的路上，吳老師腳踏車踩得飛快。她想去告訴校長，王小梅這個新生她們班要定了，誰也別想把她趕走。

我想看看古城門

許志強師範大學畢業那一年，去了一個貧窮的山區小學，許志強在大三暑假的時候曾經在那個小學待過兩個月，所以學校主任徵求許志強的意見時，許志強毫不猶豫地做出了選擇。當時，同學們都不理解，憑著許志強的成績，是可以直接在校內就職的，沒有必要把自己丟進山裡受苦。很多人就都勸許志強認真考慮，不要時衝動。許志強聽了一笑置之。

村子裡的人聽到許志強回來的消息，都很興奮。特別是那些孩了，已經把許老師當成了自己的爸爸媽媽，一放學就擠到許志強的宿舍，聽許志強描述外面多彩多姿的世界。村民們也很熱情，不時地送許志強送一些食物。每天早上，許志強開啟房門，都會看到門口放著幾個雞蛋、幾把青菜或者幾個小吃。

有一天，一個記者到山上，不知怎麼就聽說了許志強的事，便趕過來採訪。不久，有關許志強放棄繁華都市、扎根貧困山村的故事就出現在了報紙上，許志強瞬間成了新聞人物。

年底的時候，許志強毫無爭議地以入選了傑出青年。參加完頒獎儀式，許志強又被記者們圍了起來，一個記者問，許老師，你現在心裡最想說的話是什麼？

許志強遲疑了一下，有點不好意思地說，我想問一下，這次當選的人……有……獎金嗎？

現場瞬間就靜了下來。過了半天，才有一個記者想起來問，你想要多少錢？

兩萬吧。許志強說。

圍著的記者不相信自己耳朵似的盯著許志強，像是盯著一個怪物。後來，還是最先採訪過許志強的記者，把許志強的要求告訴了評委會。評委會的人也很吃驚，這次評選原本是沒有獎金的，但是，考慮到許志強現在的處境，評委會的人還是破例發了一些錢給許志強。

這件事立刻又成了新聞，甚至發起了一場大討論，傑出青年該不該要獎金？討論很激烈，很有點針鋒相對的火藥味。

可是許志強已經不在意這些了，許志強的腦子裡滿是興奮，大三那個暑假的遭遇又浮現在了他的腦海裡。那次，許志強就是在這個村子實習。村子在大山深處，像是一個與世隔絕的世外桃源，沒有公共運輸，離村子最近的小鎮也得走幾公里。在許志強之前，已經有好幾個實習的老師一進村子就被這裡的貧窮嚇跑了。村民們對來實習的老師的熱情也越來越少，這一點，許志強從接待他的村長眼裡已經讀出來了。村長面無表情地把許志強帶到了小學，說是小學，其實就是幾間由一個舊山神廟改成的房子。

安頓好以後，許志強就開始教孩子們上課。學校一共有三十多個孩子，分四個班，加上許志強一共兩個老師。許志強教孩子們「上下左右你我他」，「1+1=2，5-3=2」，還教孩子們跑步、跳遠，畫太陽、月亮、向日葵。

有一天，許志強上美術課的時候，要求孩子們畫一畫心中的古城門。可是，交代完作業，卻沒有一個孩子動筆。同學們怎麼不畫啊？許志強好奇地問。孩子們手撐著下巴，眼睛盯著他們的許老師，還是一動也不動。許志強就指了一個離他最近的女孩子，妳說說，為什麼不畫？

小女孩紅著臉站起來，怯怯地問，許老師，古城門是什麼樣子啊？

小女孩一開口，別的孩子也跟著問起來。

許老師，古城門也是石頭砌成的房子嗎？

古城門有我們學校大嗎？

古城門裡是不是也有好多好多的馬車？

住在古城門裡的人也要去打水嗎？

許志強立刻就愣住了，他沒有想到孩子們心裡的古城門會是這個樣子。許志強的鼻子酸酸的，他抹了把臉，說，你們先等著。許志強跑回自己的宿舍，在紙箱裡翻了起來，可是找了半天，也沒有找到一張有關古城門的圖片。許志強很失望，那一節課，許志強沒有再讓孩子們畫古城門，他想把這一節課留到以後，讓孩子們親眼看一看古城門，然後再去描繪它的樣子。

這個想法直到許志強離開也沒能實現，許志強的老家也在山區，上學的錢還是自己貸款來的，許志強實在是無能為力。

但是這一切，許志強沒有告訴任何人。許志強已經顧不上再去告訴別人了，他現在正和山裡的孩子們一起，沉浸在另一種節日般的歡樂裡。許志強把從市區買回來的五顏六色的畫筆、鉛筆、作業本，還有各式各樣有著好看的宏偉的古城門照片的圖書，分發到孩子們手裡，然後微笑著站在一邊，看著孩子們一個個興高采烈的樣子。

許志強的耳朵裡充滿了孩子們的笑聲，那笑聲銀鈴似的，無比甜蜜。

做洗窗工的男孩

兩年前，我曾被調到市中心的一家公司幫忙。那是一家規模很大的公司，光大樓就有九層，我所在的辦公室就在九樓。去的時候正好是炎熱的七月，辦公室裡開著冷氣，涼風習習，隔著一層玻璃的窗外卻是灼人的熱浪，彷彿兩重天地。所以中午吃飯的時候，大家幾乎都在公司裡解決，很少有人願意頂著太陽出去吃。

七月底的一天，公司接到通知，說是大老闆要來視察。老闆要來，公司的面貌自然得改變一下，不光是人員的面貌，還有工作環境。於是，主管研究決定，請一家專業的洗外牆公司把大樓清洗一下。

大樓清洗公司的人很快就來了。那天上午，我正坐在電腦前忙，忽然，緊鄰著辦公桌的窗外有一個黑影晃了一下，嚇了我一跳。仔細看時，才知道是一個洗窗工。以前只知道有人把洗窗工稱作「蜘蛛人」，但對這個行業並不了解，現在，一個洗窗工就這麼突然地趴在我的窗外，這讓我多了一份好奇和探究的念頭。

那是一張年輕的臉，頂多只有十八九歲，蓬亂的頭髮和黝黑的膚色仍然遮不住他滿臉的稚氣。發現我在看他，那張臉對我笑了笑，然後繼續著手中的工作。一件黑色短袖已經溼透了，緊緊貼在他的身上，他沒有時間管這些，他甚至都來不及擦一下滿臉的汗。

那一刻，我的心一陣悸動。這原本是該待在校園裡讀書的年齡，可是，他卻繫著一根繩子，被吊在幾十公尺的高空，吊在一個高危險、高強度的職業裡。我覺得有必要幫助一下這個一窗之隔的男孩，因為這太殘忍了。是的，殘忍，這就是我腦子裡當時跳出來的一個詞。

沒有多少猶豫，我去找了公司的主管，向她坦白了自己的想法，我說：「他這樣的年齡雖然不是童工，但還是不適合從事這樣危險的工作，何況又是在高溫天氣裡，會出事故的。」公司主管是位五十幾歲的中年女性，生著一張聖母般慈祥的臉。聽完我的話，她就跟著我走到那扇窗前，伸出腦袋仔細看了看，然後輕輕地嘆了口氣，她一定是想起了自己還在念大學的孩子，我聽見她說：「好吧，我去打個電話，讓他們換一個人。」

第二天，我就發現，大樓外的洗窗工裡沒有了那個男孩的身影。我的心裡一陣輕鬆，整個上午，都沉浸在自己小小的成就感裡。臨近下班的時候，門開了，一個年輕人闖了進來，正是那個做洗窗工的男孩。「是你叫公司換人的嗎？」男孩開門見山地問。「是啊。」我說，我以為他是來道謝的。沒想到他冷著一張臉說：「我一沒有消極怠工，二沒有做錯工作，為什麼要辭退我？」我連忙解釋：「不是辭退，是在幫助你，幫助你擺脫這種高危險、高強度的工作。」

「我不需要你的幫助！」男孩並不領情，「你知道嗎？我媽還指望著這份工作為她賺取醫藥費呢，我妹妹也等著我為她籌措學費。現在，工作丟了，我該怎麼辦？」「你還可以另找一份力所能及的工作呀。」我開導他說。

「你說得倒輕鬆，你以為工作那麼好找呀。就是這份工作，我也是拜託了熟人才找到的。再說了，即便能找到，也不會有這麼高的薪水了，我現在需要的是錢，不是可憐！」男孩的語氣激動起來，眼裡也滿是委屈的淚水。

我有點愣住了，我沒想到會是這樣一種結果。也就是從那時起，我才明白，生活中真正需要幫助的，不是那些正在辛苦工作的人，而是沒有地方讓他去辛苦工作的人啊。

一次簡單的測試

丹丹老師是光明小學二年級的導師。丹丹老師是去年才從師範大學畢業的，因為教課方法靈活、模式新穎，丹丹老師很快就開始獨當一面。

丹丹老師不但課講得好，還特別注重學生的品德教育。每週二下午的班會，丹丹老師都會把學生家長們請來，與學生一起針對一些很實際的問題展開討論，互相學習。

這一天，照例是班會的日子，學生和家長們早早地就坐在了那間大教室裡。

丹丹老師來了，她微笑著站在講臺上，兩隻會說話的眼睛望著那些坐得端端正正的家長和學生，甜甜地說：「各位家長、同學們，在這次班會之前，讓我們先來做一個簡單的測試，好不好？」

「好——」學生們齊聲回答，一個個臉上洋溢著興奮的表情。

丹丹老師很滿意，她說：「我先問一下同學們，大家有誰記得自己的生日是哪一天？還是老規矩，知道的請舉手。」

學生們齊齊地把手舉了起來，教室裡像忽然間長出了一片小樹林。丹丹老師環視了一下，說：「很好，請放下。下面，我再問一下同學們，有誰記得自己爸爸媽媽的生日是哪一天？」

教室裡出現了一陣竊竊私語的聲音，家長們都在看自己的孩子，不少孩子都低下了頭。雖然陸陸續續地也有人舉起了手，但是稀稀落落的。

丹丹老師沒有就此結束，她接著說：「下面該家長了，記得孩子生日的請舉手。」

「記得父母生日的請舉手。」

一屋子的家長開始面面相覷，像孩子們一樣，雖然陸陸續續有人舉起了手，卻還不到三分之一。

丹丹老師搖了搖頭，切入了正題：「透過這次測試，我不說你們也都清楚了，家長和孩子一樣，大家都不是太在意父母的生日。我們一直在講尊敬師長，這不只是孩子一方面的事情，還有家長，家長也該以身作則，這樣結合起來的教育才能事半功倍。」

丹丹老師正講得聲情並茂，教室裡忽然一個學生舉起了手，獲准站起來後，學生問：「老師，您記得爸爸媽媽的生日嗎？」是個男孩，坐在最後一排，一個不顯山不露水的位置。

教室裡安靜下來，所有人的目光都望向了丹丹老師。丹丹老師顯然沒有料到會出現這樣的情況，她呆立在講臺上，一時竟然手足無措。

還是一個家長反應快，她站起來說：「丹丹老師一定記得的，星期天我去訂蛋糕，恰好碰上丹丹老師，也訂了一個很大的蛋糕。丹丹老師還沒有結婚，這蛋糕想必就是送給父母的吧？」片刻的寧靜後，不知是誰帶頭鼓起了掌，頃刻間，教室裡掌聲一片。

在熱烈的掌聲裡，丹丹老師悄悄地轉過身，擦了把臉上的汗。她想起了那個大蛋糕，還有男朋友看到蛋糕時燦爛的笑臉。

小米的一生

小米從小就不是一個聽話的孩子。

念小學時，小米經常蹺課，一個人跑到郊外去玩，不然就是拿彈弓，對著鄰居家的玻璃練準頭。那時候，常常有人到小米的家裡告狀，讓小米的屁股上沒少挨父親的棍子。後來，父親也懶得動手了，再有人告狀，他便把小米拎到人家的菜園裡，說：「讓他替你的菜園澆三天水吧，也好讓他有點教訓。」於是，經常有人看到瘦小的小米拖著拖車，幫人家往菜園裡送水，一頭汗一身泥的。

到了國中，小米喜歡上了讀書。不是讀文學、數學、外語，是課外書。小米跟著父親去都市裡的姑姑家拜訪，在姑姑家的客廳，小米發現了好多堂哥讀過的圖畫書，花花綠綠的。小米從裡面翻出了幾本《三國演義》和《水滸傳》，偷偷地塞進了懷裡。小米在家裡不敢看，他只好在課堂上看。把課本豎起來，遮住老師的視線，然後把自己沉浸到那種「風風火火闖九州」的俠義故事裡。有一回，小米看得入了迷，連老師走到旁邊也沒有察覺。小米的那些書被老師「收」走了，還被罰擦了一個星期的黑板。

小米在讀高中的時候，身上的叛逆性格越來越明顯了。學校在鎮上，鎮裡有幾個輟了學的小混混，整天遊手好閒，動不動就到學校門口挑釁滋事。學生們都很害怕，避之唯恐不及。小米不怕，小米一聽有架可以打就手癢。小米就在學校找了幾個不喜歡讀書的學生，成立了一個小幫派，專門對付校外的幾個混混。動手動腳自然是免不了的，最嚴重的一次，小米拎著磚頭砸爛了人家的頭。為這件事，小米的父親賠了人家好多醫藥費，小米也差一點被學校退學。

高中畢業後，小米沒有考上大學。事實上，小米根本就沒有參加聯考。他把課本往角落裡一丟，就出去打工了。小米沒有手藝，也沒有學歷，只好做苦力工作。小米在一家建築工地搬磚頭，錢雖然賺得不多，但總比念那些讓人頭痛的書強一點吧？小米這麼認為。

那天晚上，小米很晚才從工地出來，路過一條僻靜的街道時，忽然聽到有人喊「救命」。小米就去了，是個歹徒在搶劫，歹徒眼看就要得手了，被小米一打亂，歹徒惱羞成怒，拔出了刀……

小米走了。

小米是因為見義勇為走的，小米的行為引起了一場轟動。市政府感念小米的見義勇為，還專門讓人為小米寫了悼詞，悼詞中有一段話這樣評價小米：「……小米先生的這種見義勇為行為不是偶然的，而是從小就培養出來的。上小學的時候，小米先生就經常做好事，幫助鄰居拉水澆菜園。到了國中，他又喜歡上了文學，課餘讀了不少《三國演義》、《水滸傳》等著作，不斷陶冶自己的性情。小米先生在鎮上念高中的時候，他為了保護同學不被流氓欺負，小小年紀就敢挺身而出，與壞人對抗。他雖然沒有考上大學，但小米先生沒有自暴自棄，而是俯下身，用自己的雙手為這個社會創造著財富。正是這樣的理念和對待生活的態度，讓小米先生在碰到歹徒的時候，置生死於度外，眼裡只想著他人，最終獻出了年輕而寶貴的生命……」

在小米的追悼會上，當有人聲情並茂地讀起這段悼詞的時候，很多人的眼眶都溼潤了，甚至還有人哭出了聲，他們都為失去了這樣一位徹頭徹尾的好人而傷心不已。

一次特殊的採訪

我大學畢業到報社工作沒多久，就接到一個任務，獨自去採訪一對感染了愛滋病的母女。

本來這次採訪是要同事劉家浪去的，但劉家浪前段時間去外地研習，要一個禮拜才能回來，報社又急於推出這個有價值的題材，所以就打算讓我試試。

簡單介紹完任務，編輯部王主任有點不放心地問：「怎麼樣，有問題嗎？」

「沒問題。」我當時就毫不猶豫地應了下來。從小就把記者這個職業當作理想的我，正苦於沒有一個重大題材來表現自己，現在機會來了，我能錯過嗎？

「不過，你要有心理準備。」臨走時，王主任又提醒說，「這對母女自從被查出感染愛滋病後，男人離家出走，鄰居們也紛紛躲避，生活的困窘和疾病的折磨讓她們變得自閉而敏感。之前，有好幾家報社的記者都沒辦法成功採訪。」

接下了任務後，我精心地進行準備，並且上網惡補了不少有關愛滋病的知識，第二天，便帶上相機、採訪筆記和錄音機出發了。按照王主任提供的地址，我坐了幾個小時的車，然後又步行幾公里，才到達那個村子。

一進村子，我的心忽然莫名其妙地狂跳起來，雖然知道愛滋病在正常的接觸中沒有傳染性，但還是有些隱隱的害怕。我不斷地做著深呼吸，像當年邁進考場時那樣，一路忐忑地走進了那個叫劉美英的女人的家。

劉美英家的貧窮出乎我的意料，除了「家徒四壁」，我實在找不出更合適的詞來形容它。一間不到十坪的屋子裡擺著一張木板床、一張小方桌，桌子上凌亂地放著碗筷、吃剩的簡易飯菜。我進去的時候，劉美英就坐在桌子前的小板凳上，懷裡抱著三歲的女兒，女兒正窩在她的懷裡吃奶。見了我，她也不避嫌，只是木然地撩了一下眼皮，然後繼續餵奶，好像我是刮進來的三分鐘熱風。

我小心翼翼地在劉美英的對面坐下來，盡量用閒話家常的語氣跟她說：「您好，我是報紙的記者，想了解一下妳們的情況。」

沒有反應。

我以為她沒有聽清楚，又提高嗓音重複了一遍。還是沒有反應。我有點尷尬，一時手足無措。愣了一會，心想自己總得做點什麼，不能就這樣白來一趟。於是，我掏出相機，想拍幾張她們的生活照。剛舉起相機，劉美英忽然抬起頭，冷冷地阻止了我：「你們這些記者，就別來出我們的醜了，難道還嫌我們過得不夠慘嗎？」

我連忙解釋：「劉小姐，不是出妳們的醜，是想喚起社會對妳們的同情心。」說著，手指一按，燈光一閃，劉美英母女就定格在了我的鏡頭裡。沒想到，這個不自覺的舉動刺激了劉美英的神經，她立刻跳起來，劈手就來奪我的相機，披頭散髮的樣子凶猛得嚇人。

我嚇了一跳，慌忙躲開，然後狼狽地逃了出來。老實說，我不是怕她弄壞了相機，而是擔心她會碰到我。

採訪以失敗告終。

我把過程告訴王主任，他輕輕地搖了搖頭，說：「只好等劉家浪回來了。」出門時，我在心裡不服氣地碎念了一句：「難道劉家浪有三頭六臂，就能降伏那個性格有些變態的女人？才怪！」

一個禮拜後，劉家浪風塵僕僕地回來了。接下了任務，氣也沒喘一口，又馬不停蹄地奔赴那個村莊。我本來想跟著去的，劉家浪拒絕了，劉家浪說：「這樣的事，去的人越多越被動。」

劉家浪是早上離開的，一直到第二天下午才疲倦地回來。讓我吃驚的是，劉家浪不僅帶回了劉美英母女大量的生活照，還帶回了他們的對話錄音。在編輯錄音的時候，我聽得都傻了，一向視記者為洪水猛獸的劉美英，在劉家浪面前，竟然像個話多的孩子，毫不設防地把自己母女的經歷吐了出來。似乎她面對的不是一個記者，而是自己的丈夫。

報導推出後，在社會上引起了極大的回響。劉家浪成了報社的英雄，贏得了各種讚譽，讓我豔羨不已。不過，我心存更多的還是疑惑和好奇，看起來甚至有些木訥的劉家浪，到底用了什麼辦法，讓劉美英乖乖地配合呢？

那天下午下班後，我攔住了劉家浪，一臉誠懇地說：「可以請你吃頓飯嗎？」

劉家浪看了我一眼，好像懂了什麼，笑著說：「是不是想問我採訪劉美英的事？」

我也笑：「你到底跟她吐了什麼金口玉言？」

「這件事我也很納悶，」劉家浪皺著眉頭，很認真地想了想，說，「聽王主任說好多記者都碰了釘子，但我也沒說什麼。」

「真的什麼也沒說？」

「是呀，」劉家浪的神情不像是在表演，「當時進了門，劉美英正在吃午飯，她的女兒趴在地上玩。我抱起那個小女孩，在她的臉上親了親，然後開始講故事給她聽……」

「什麼？」我驚叫起來，「你抱了劉美英的女兒？還……親了她的臉？」

「是啊，她女兒跟我女兒一樣大，我在家裡就經常喜歡這麼抱著女兒，親她，講故事給她聽……」說到這裡，劉家浪的語氣開始興奮起來，那樣子像是想起了自己的女兒。

一塊蛋糕所經歷的人生片段

一塊蛋糕放在茶几上的盤子裡。

三歲的兒子蹣跚著跑過去，胖嘟嘟的小手一把就把蛋糕抓了起來，緊緊地摟在懷裡。母親笑了，母親逗他說：「兒子，給媽媽吃一口。」兒子遲疑著，半天，才不情願地把蛋糕伸到了母親的嘴邊。母親漾起一臉的幸福，剛剛在蛋糕上咬了一小口，不想，兒子卻小無賴似的把蛋糕一扔，躺在地上大哭起來，一邊哭一邊嚷：「媽媽壞！媽媽壞！」

一塊蛋糕放在茶几上的盤子裡。

十三歲的兒子一放學，就把書包往沙發上一丟，對著在廚房裡忙碌的母親喊：「媽，飯做好了沒？餓死我啦！」然後，兒子就看見了那塊蛋糕，想也沒想，兒子就像一隻餓極了的小狼，抓起來狼吞虎嚥地把蛋糕吃進了肚裡，只留下一盤底細碎的殘渣。

一塊蛋糕放在茶几上的盤子裡。

二十三歲的兒子帶著女朋友進了家門，往沙發上一靠，兒子就對母親說：「媽，小梅今天上午在家裡吃飯，做點好吃的吧。」母親應聲，繫上圍裙就開始煮菜了。兒子和女友頭抵著頭，一邊看電視一邊竊竊私語。兒子先看見了那塊蛋糕，他用兩根手指捏起來，大聲問道：「媽，這塊蛋糕哪來的？新鮮嗎？」母親從廚房裡探出頭，說：「剛買的，吃吧。」兒子就掰了一塊，塞到了女朋友嘴裡。可能是掰的那塊大了點，惹得女朋友一陣嬌笑。兒子不知道，那塊蛋糕是小阿姨買的，用來慶祝母親五十歲的生日的。一共四塊，想不到小阿姨的兒子淘氣，一口氣就吃掉了三塊。

一塊蛋糕放在茶几上的盤子裡。

三十三歲的兒子帶著孫子進了家門。兒子窩在沙發裡看著球賽，孫子則像個淘氣的小馬，在剛剛拖乾淨的地板上奔來跑去。兒子不停地叮囑著：「慢一點，慢一點，不要跌倒了。」跑累了，孫子就往爸爸身上一靠，撒起了嬌：「爸爸，我要吃棒棒糖！」母親撫著孫子的頭說：「吃糖容易蛀牙，還是吃蛋糕吧。」兒子的目光就落在了那塊蛋糕上。兒子拿起來，遞給了孫子，說：「吃這個吧，很好吃喔！」孫子接過蛋糕聞了聞，丟到了地板上，大聲喊道：「奶奶真小氣！買這麼小的蛋糕！我才不吃呢，我要吃生日蛋糕！」

一塊蛋糕放在茶几上的盤子裡。

四十三歲的兒子坐在母親床頭，母親正打著點滴。好幾個月了，母親就靠著這個維持著生命。床頭櫃上擺滿了東西，母親的目光卻散漫地游移著，好像是望向了那塊蛋糕。兒子走過去，把那塊蛋糕端起來，送到了母親嘴邊。可是，母親也只能這樣看看，母親因患上了嚴重的糖尿病，已經享用不了它了。

兒子要回家

母親是在晚上接到兒子的電話的，兒子在電話裡說，明天出趟遠差，大概中午的時候車從家鄉的那個城市路過，趁著這個空想順便到家裡一趟。兒子還說，時間很趕，只能在家裡吃頓午飯，就不住了。

掛上電話，母親一夜都沒有睡好，心裡一直怦怦地跳著。自從兒子在那個叫首都的大城市裡念大學後，就很少回家了，特別是大學畢業到現在，兩年多了，兒子一次家門也沒有進過。只是在逢年過節的時候，才一個電話，也只是匆匆的一句話，忙。

母親做夢都想兒子，兒子他爸走得早，母親一個人又要照顧家裡，又要撫養兒子，十分艱難。記得兒子上大學的那天，鄰居都來祝賀，母親招呼完鄉親，晚上就一個人對著牆上的那副黑白照片擦起了眼淚，母親是高興。母親還記得兒子走時說的那句話，媽，等我將來賺錢了，就把您接到都市裡享福養老。母親就笑了，母親不指望享什麼福，有兒子這句話就夠了。

可是，兒子這一走，留給母親的就只剩下了牽掛，只剩下了對著電話發呆。

現在太好了，兒子要回家了。天還沒亮，母親就爬了起來，兒子這幾年孤身在外，肯定吃了不少苦，母親想給兒子做頓好吃的。母親在廚房裡轉了一圈，廚房裡冷冷清清的，母親已經好久沒有為自己好好做頓飯了，瓦斯爐上的牆角都已經掛上了蜘蛛網。母親開始收拾屋子，邊收拾便想著要做點什麼給兒子，屋子收拾乾淨了，菜單也想好了。除了幾個家常菜，母親還想做條魚。兒子是喜歡吃魚的，母親知道，小時候家裡窮，吃不起，遇到親朋好友有喜事，兒子就拉著母親的衣袖，沾上一點魚腥味。喜事上剩下的多是些魚骨頭，但這並不妨礙兒子啃得津津有味。每每看到兒子吃魚的饞樣，母親心裡就一陣陣的酸。母親想，哪天生活變好了，就要多煮幾條魚，讓兒子吃個夠。

母親騎著車去了市區，只有市區的市場才有賣魚的。路不遠，卻坑坑洞洞的，母親騎得很辛苦。但她不怕，心裡滿是歡喜。

回來的時候，車子裡堆滿了菜，一條鮮活的鱸魚還在袋子裡不停地扭動著身子。買魚的時候，母親已經問清楚了，鱸魚的刺少，吃起來會避免很多麻煩，母親就選了鱸魚。賣魚的人本來想幫母親剝好的，母親阻止了他，認為兒子要幾個小時才能到家，把魚殺了，吃起來就不新鮮了。

青青綠綠的菜堆進廚房，廚房裡立刻就溫暖起來，充滿了生活的氣息。母親先把那條魚放在盆裡，灌上水。看著那條大鱸魚在水裡歡快地拍打著水花，母親的心也跟著燦爛起來。

挑菜、淘洗、磨刀、切菜，砧板上的幾個塑膠盆裡很快就滿了起來。接下來就是那條魚了，母親看了看時間，差不多快十點了，兒子說不定已經在路上了呢，母親就操起了刀。鱸魚也不那麼好擺弄，儘管賣魚的師傅手把手地教了母親好幾遍，但剖腹挖鰓的時候，還是讓母親手忙腳亂，竟然比種田還累。母親望著剝好的魚，微笑著喃喃自語。

母親做的是清燉魚，她心想兒子顛簸了一天，喝點魚湯正好補補身體。做魚的方法也是昨天晚上，母親拜託餐廳的廚師學來的。母親是個心靈手巧的人，雖然自己沒有吃過幾次魚，但廚房裡的工作還是難不倒她。先是準備配料和調料，五花肉、筍乾、香菇、青菜、豬油、米酒、味精、高湯、鹽、胡椒粉、花椒、香菜、蔥、薑還有沙拉油，打仗似的把砧板擠得滿滿的。接著，就是把切好的魚塊放進鍋裡，加水，大火煮沸二十分鐘，然後依著順序放調味料，再小火煮上二十分鐘，最後放香菜和味精。

當那盆飄著撲鼻香氣的清燉魚擺上餐桌的時候，母親的心裡綻開了一朵花。站在餐桌前，母親彷彿看見了兒子狼吞虎嚥的樣子，兒子還會是小時候的那副饞樣嗎？母親漾著滿臉的幸福，長長地舒了口氣，輕輕地擦了把臉上的汗，看了看時間，十一點四十五，兒子也快到了吧？

母親解下圍裙，換上了那件過年時才捨得穿的衣服，準備到路口去看看。電話就在這個時候響了起來。一定是兒子的，母親幾乎是小跑著過去，一把抓起了電話。

喂，媽，我們臨時接到邀請，要到別的城市參觀一下，時間太緊，就不回家了啊。是兒子的聲音，兒子在話筒那端平靜地說。還沒等母親回過神來，兒子就說完了。說完了，電話也就掛了，留給母親的是一陣又一陣嘟聲的忙音。

母親站在那，她甚至忘了掛上電話，她只覺得臉上酥酥癢癢的，兩條蟲子一樣的淚水不知不覺間已經爬上了臉頰。

第三輯　可不可以不完美

就這樣，在母親的意見裡，小毛錯過了一次又一次花期。以至於和菲菲談戀愛時，他腦子裡冒出的竟然不是自己的感覺，而是母親的要求。

看起來很美

小米是因為一場車禍住進了醫院的，車禍傷到了小米的眼睛。

診間裡，主治醫生用安慰的口吻對小米的母親說：「保持樂觀的心態，好好配合治療，還是有希望的。」小米的母親聽完就哭了。哭完，擦乾淚，又強顏歡笑地走進病房。

小米沒有那麼好騙，一層厚厚的紗布替代了眼鏡，剛剛邁出大學校門躊躇滿志的他傻了。他又哭又鬧，心裡像是竄進了一隻貓，鬧得整個人都發瘋了，一刻也不得安寧。

母親悄悄地嘆了口氣，提議說：「我們出去走走吧。」母親攙著小米走出病房，踱到了醫院牆外的一條小河邊。河不寬，卻流水潺潺，澄澈明淨，還能聽見鳥語，聞到花香。

扶著小米在一條長椅上坐下，沉默了一會，母親想講點什麼。她還沒開口，小米就說：「媽，我想一個人坐坐。」

母親遲疑了一下，點點頭，然後靜靜地走開。小米坐著，腦子裡卻翻騰得厲害，跳出來最多的一個字眼，就是「死」。

「多好的太陽啊。」旁邊忽然冒出一句話，嚇了小米一跳。聽聲音，是位老人，他就坐在小米的身邊。

小米「嗯」了一聲，淡淡地。

老人看來是聽到了，卻沒有覺出小米語氣裡的敵意。「你也是來看夕陽的吧？」老人接著說，聲音不大，透著溫和，「我經常在這個時候到這裡來，別的地方太吵了，只有這裡還算安靜。秋天的太陽真好呀，紅豔豔的，卻不晃眼，撥弄得人酥酥癢癢，有時候真想躺在這裡睡上一覺。」

小米側過臉，斜對著老人（是只有他自己才能感覺得到的斜著），心裡隱隱地生出一絲不快。明明知道自己的眼上蒙著繃帶，還在一邊拉扯著跟視覺有關的東西，不是在打別人的臉嗎？

老人不管，老人像是存心要跟小米過不去似的。「還有這條河，夠清亮的吧？我孫女下午放了學，常喜歡帶著畫畫工具，到這裡來畫風景。畫河水，畫河水裡的魚，還說是畫給我一個人的。看看我這孫女，人不大，嘴巴多甜呀。嘿嘿，年輕那陣子，我也很喜歡畫畫，可惜……哎，只好期盼孫女來圓這個夢啦。」

小米皺著眉頭，他不知道該不該打斷老人的講述。

老人依然陶醉在眼前的風景裡：「你再看看河兩岸的樹，長得多討人喜歡。不瞞你說，這些樹的名字，我到現在還叫沒辦法都記起來。可是，沒關係，能天天像老伴似的這麼守著，也還不錯。你知道嗎？兩年前，河兩邊還是光禿禿的一片呢，那時候報紙上不是討論綠化方案嗎？我也投了一票哩。種樹好，草那東西也就是個樣子，跟花瓶似的，中看不中用。樹就不一樣，又綠化又護堤，還能為小鳥們提供住處，你看看那些鳥兒，叫得多開心啊。」

老人像是憋了一輩子的話似的，好不容易等來一個聽眾，打算立刻就把它們抖光似的。

「噢，河對面的那座高樓你也知道吧？三十幾層呢，那可是這附近最高的房子了。我兒子就在裡面上班，他在二十層，嘿嘿，去年才搬進去的。我兒子說，他站在辦公室的窗前，就能看見我呢。這小子，也不知是不是在吹牛，隔得這麼遠。」

小米的心越來越亂，這不會是母親刻意安排的吧？小米想。可是，一個明眼人哪能體會得到自己此刻的痛楚呢？小米不想再聽下去了，小米覺得聽別人的幸福對自己簡直是一種折磨。

沒等小米打斷老人，一串清脆的童聲飄了過來，伴隨著的還有細碎的腳步。「爺爺！」

是老人那個會畫畫的孫女吧？小米想。

「不是說今天不畫畫了嗎，怎麼又來了？」老人問。

「今天路上在施工，盲人專用道也給挖斷了。媽媽不放心，讓來當您的枴杖。」女孩調皮地說道。

耳邊響起了老人清亮亮的笑聲。

小米愣住了。半天才從夢裡驚醒似的，回過頭，敞亮著嗓子喚了一聲：「媽，我們回吧！」

可不可以不完美

小毛在臨近下班的時候，撥通了家裡的電話。電話是母親接的，小毛對著話筒說：「媽，中午我帶菲菲回家吃飯吧！」

「這個看清楚啦？」母親在電話那端問道。

「看清楚啦！」小毛的語氣十分肯定，「媽，您見了就知道了。兒子保證，這次您肯定滿意！」

電話那端響起了咯咯的笑聲。

掛上電話，小毛抬手擦了擦額頭的冷汗，又拍了拍怦怦亂跳的胸口。

算起來，這已經是小毛帶回家的第四個女朋友了。按說在婚姻問題上，小毛完全可以自己當家做主，但小毛從小就是個乖孩子，從吃飯穿衣交朋友，到讀書填志願進入職場，都要母親做決定。偏偏母親又是個女權至上者，很喜歡對丈夫和兒子的事做主。小毛也就養成了習慣，在決定一件事情之前，先徵求母親的意見。

婚事也不例外。

小毛帶回家的第一個對象叫貝貝。貝貝是小毛在一次朋友聚會上認識的。當時，小毛一眼就看中了這個身材高挑、相貌俊秀的女孩。女孩對小毛也很有好感。雖然小毛生性木訥，不善言談，但他有兩個得天獨厚的條件，家境好，長得帥。兩個人談了一段時間後，貝貝問小毛：「我們什麼時候結婚？」小毛爽快地說：「等我媽把房子弄好了，我們就去登記。」說完，小毛才想起來，還沒有把貝貝帶回家徵求母親的意見呢。

找了個時間，小毛把貝貝帶回家了。母親對貝貝很滿意，這點小毛從母親的眼神裡讀出來了，母親的眼神裡滿是欣喜，還忙前忙後地張羅了一大桌飯菜，要不是飯後出了點差錯，貝貝說不定已經做了他的新娘了。其實事情也不大。吃過飯，母親端上來一盤蘋果，對貝貝說：「飯後吃點水果，對皮膚有好處。」貝貝就拿起茶几上的水果刀，自己削了一個蘋果，然後坐在沙發上津津有味地吃起來。就是這個舉動，葬送了小毛的第一次戀愛。

貝貝走後，母親忽然收起臉上的笑容，以不容商量的口吻對小毛說：「這個女孩我不接受。面前有長輩和男友，削好的水果居然讓也不讓我們吃，只顧著自己。這樣自私的人，將來進了家門，豈不是成了慈禧太后！」

第二個對象是同事介紹的，叫麗麗。麗麗長得很乖巧，跟著小毛去家裡的時候，也沒有犯削了水果只顧自己吃的毛病。可是，母親依然堅決不同意。母親說，麗麗的生活習慣跟自己差太多了，比如進門不知道主動換拖鞋，飯桌上不知道用公用筷子，尤為嚴重的是，她竟然拿著自己用過的杯子去幫別人倒水。

第三個對象更慘，一見面就讓母親否決了。原因很簡單，長相實在上不了檯面。

就這樣，在母親的意見裡，小毛錯過了一次又一次「花期」。以至於和菲菲談戀愛時，他腦子裡冒出的竟然不是自己的感覺，而是母親的要求。小毛用母親的眼光審視著菲菲，直到覺得各方面都差不多了，才鼓起勇氣打了電話給母親，然後把菲菲帶回了家裡。

這一次，小毛果然沒有讓母親失望。菲菲的言談舉止、為人處世，在母親苛刻的目光裡，都被判了及格。母親甚至抓準了個機會，把小毛拉到一邊，用興奮的語氣對小毛說：「兒子，這回你沒看走演。這丫頭，跟媽年輕的時候一模一樣。」過了一會，母親又像想起了什麼似的補充了一句：「去，問問你爸的意見。」

小毛在心裡長長嘆了口氣，小毛知道，這樁婚事總算有眉目了，因為家裡無論大情小事，只有在母親拍了板後，才會去象徵性地徵詢一下父親的意見。小毛步履輕鬆地邁進了父親的書房。父親正在趕著一篇論文，聽完小毛的話，頭也不抬地說：「只要你媽同意就行。」

「我媽讓徵求一下您的意見，老爸，您就說兩句嘛。」小毛像個孩子似的盯著父親。

「那，你覺得怎麼樣？」父親仍舊沒有抬頭。

「我覺得，還可以。」小毛跳動著眉梢說，「菲菲無論是長相、脾氣，還是生活習慣，都跟我媽一模一樣。這一點，連我媽自己都承認。」

「什麼？跟你媽一模一樣？」聽了小毛的話，父親臉色突然變了，「這門婚事我不同意！」

「為什麼？」小毛蒙了。

「兒子呀，你還想重蹈老爸的覆轍嗎？」父親的語氣變得激動起來，「這麼多年了，老爸在這個家裡是怎麼熬過來的，你難道沒有看到？」

我的名人夢

老實說，我不是個笨蛋，甚至不謙虛地說，我還算一個聰明的人。我從小時候就開始渴望成為「名人」，但遺憾的是，到現在我連「名人」的袖子也沒摸到過，更別說把那件「名人」的袍子套在身上了。沒事的時候，我就坐在那裡想，到底是哪個環節出了問題呢？

上小學的時候，我喜歡畫畫，我爸爸買了幾本《西遊記》插畫書給我，我就依葫蘆畫瓢，整天捏著從老師那裡偷來的粉筆，畫孫悟空、畫豬八戒。一開始我只是好玩，後來街坊鄰居看到我的畫，就豎著大拇指鼓勵我，還有人說，「看這孩子，畫什麼像什麼，長大了不定可以成為達文西呢。」達文西我知道，就是畫雞蛋都畫不圓的那個，聽說後來畫的畫非常值錢。就衝著這句話，我每天不分場合不分地點勤奮作畫。我也想了，就算成不了東方達文西，成為一個畫家什麼的也不賴。可是，我爸的一句話卻讓我的夢像斷線風箏似的掉了下來。那天，我剛作完畫，我爹就氣呼呼地跑過來拉著我的耳朵惡狠狠地說：「你這臭小子，要是再敢往我剛刷過白漆的牆上畫豬畫猴子，我就剁了你的狗爪。」

我讀國中的時候，又發現了自己的另一項專長，學校舉行運動會，200 公尺以下的短跑冠軍我都全包了。不光是學校，我的大名還聲名遠播，走向了整個城市。體育學校的老師在我奪得聯合百公尺賽跑冠軍後，親切地拍著我的腦袋說：「好好跑吧，看能不能成為東方路易斯（田徑奧運金牌得主 Carl Lewis）。」路易斯是誰我不知道，我就知道跑了第一名就可以站在領獎臺上，掛上獎章跟許多人打招呼了，那種感覺一定很棒。但還沒等我跑上領獎臺，我媽就把我的夢打醒了。我媽拿著一把掃把邊打邊罵：「死小孩，人家都是一年穿一雙鞋子，你倒好了，一個月穿一雙，當鞋子都是路邊撿來的？從今天起，你要是再不好好讀書到處亂跑磨鞋底，看我不把你的腿打斷！」

念高中的時候，我倒是不在外面亂跑了，我開始放逐自己的思想，想當個思想家。那天，物理老師出了一道題目：「用你學過的物理學知識測量出學校這棟大樓的高度。」我立刻就完成了。我一共給了兩個答案：一是爬上樓頂，把一根繩子抛到地面，然後再量量繩子的長度。二是爬樓梯的時候，記住臺階數，再乘以臺階的高度。怎麼樣？我夠聰明吧？我得意地等著老師的表揚。老師把我叫上講臺，指著我的答案說：「你倒是解釋一下，你的這些答案哪一點跟物理學有關係？誰都知道這些方法吧？」我紅著臉站在那，我的兩隻眼睛到處轉，我想找個地洞，但我沒找到。

大學畢業的時候，我費了九牛二虎之力進了一家半國營企業，這下總該如魚得水了吧？我恨不能立刻把學的知識變成生產力，變成工人手裡響亮的鈔票。每次單位主管拿著已決定的技術方案，一本正經地向我們這些小職員徵求意見，我都會絞盡腦汁，動用全身的智慧細胞，為那些方案挑毛病、找缺點、提意見、找不足。為了證明自己不是敷衍塞責，我總是把自己的邏輯整理得十分清晰，把那些缺點整理後一一列出，生怕講太少了對不起肩上沉甸甸的責任。沒想到在那家企業待了不到一年，主管就開始找我談話，主管拉著我的手，語重心長地說：「我知道你是個有才氣的青年，志向也很遠大。但我們的廟太小了，待在我們這樣的小企業裡，是耽誤了你的前程。」

經歷了那麼多次打擊，我的名人夢終於掉到了地上。現在我成了一名小員工，每天平平庸庸地過著日子。但我覺得很委屈，我怎麼就這麼不得志呢？

後來我想清楚了，即使是一匹千里馬，也得遇到有雙慧眼的伯樂不是嗎？在碰上伯樂之前，你即便有經天緯地之才，也跟那些耕田拉車的牛馬沒有什麼兩樣不是嗎？

老木匠的祕密

我認識一位老木匠。

老木匠其實並不老，聽說四十幾歲。老木匠是哪裡人，姓什麼叫什麼，我都不知道。只知道天一冷，田裡工作結束了，村子裡人們閒下來，張燈結綵開啟始娶親嫁女的時候，老木匠就來了。

老木匠是來做家具的，哪家有工作，就在哪家住上十幾天。媽說：「別看老木匠長得寒酸，臉上一堆皺紋，做的家具非常耐用，附近幾個村庄經常有人請他幫忙做家具。」媽說得沒錯，我就親眼見過老木匠為表姐做的嫁妝，讓一向挑剔的表姐臉上笑成了一朵花。

那時候我好像才八歲吧？剛剛背上書包往學校裡跑。鄉下的冬天總是單調無趣，一群小朋友放了學，書包一丟，就開始四處尋找撒野的地方。老木匠的到來為我們增添了無窮的樂趣。老木匠只有一條腿，聽媽說，他的另一條腿在很小的時候就沒了，因為這件事，也沒人要跟他結婚。老木匠的那條褲管空空的，一直到大腿根，用一根藍布條繫著。他拄著拐杖走路的樣子搖搖晃晃，像極了一隻笨拙的企鵝。

沒事的時候，我們就拿他取樂，嘰嘰喳喳地圍著他，像圍著一隻馬戲團的猴子。

「嗨，」我們就這麼生硬地叫他，「你的那條腿是怎麼不見的？是不是偷人家的果樹，被人打瘸了？」

老木匠嘿嘿地笑著，不說話。

「你怎麼不結婚呀？人家都看不上你吧？」

老木匠仍舊是一臉的和善。

「你一個人，孤孤單單的，還有力氣賺這些錢，準備留給誰花啊？」

「你看我，雖說少了一條腿，但沒病沒痛的，一頓能吃兩三碗飯，靠著手藝再賺一些喝酒的錢，過得多爽！」老木匠紅潤著臉龐，終於開了口。

我們都起鬨笑起來，並沒有因為老木匠的和善而罷休。淘氣的我甚至會趁他不注意，悄悄藏起他的枴杖，等他急著上廁所的時候，幸災樂禍地看著他到處亂轉。找不到，他就會一邊碎念地罵著，一邊用單腿跳著走路。我們則在一旁拍著手，開心地哈哈大笑。他也不生氣，偶爾還會像孩子一樣扮個鬼臉，然後搖搖手說：「不玩了不玩了。」

日子就這樣在平淡中度過，直到有一天，我無意中發現了老木匠的祕密。

有一天傍晚，我一個人到學校裡玩。學校裡新換了一批桌椅，就是老木匠做的。我悄悄地潛進校園，想嚇老木匠一跳，剛走到教室門口，忽然聽到裡面有人說話。

「你看看你，又裝錯地方了吧？」聲音細細的，聽來像個女人。

「哎喲，老了老了，不中用了。」老木匠的聲音。

「嗨，累了吧？累了就休息一下吧，喝口水再做。」女人勸道。

「不累，有妳在，我精力充沛。」老木匠嘿嘿地笑著。

「不正經，」女人嗔怪了一句，「不然，我唱一段給你聽？」

「好啊！」老木匠歡快地應了一聲。屋子裡就飄出了清脆的唱戲聲。我的頭在唱戲聲裡一點一點地脹大，莫非老木匠和村子裡的哪個女人在談戀愛？我扒著門縫，偷偷地往屋裡看。老木匠正拎著工具，瞇縫著眼在一根木頭上掛著線，清脆的唱戲聲竟然是從他的嘴裡飄出來的！我嚇了一跳，眼光用力在屋裡掃著，除了老木匠，真的沒有一個女人的影子。

我轉身一口氣跑回家。媽正在院子裡鋤草，我上氣不接下氣地把剛才看到的一幕告訴媽，媽就瞪了我一眼：「小孩子把戲，再亂講話，看我不撕爛你的嘴！」我向媽保證說：「是真的，我親眼看到的，不信你去看看！」

媽伸出巴掌，在我腦袋上輕輕地拍了一下，笑著罵道：「臭小子，走開！」

我拔腿就往外跑，不是怕媽再打我，而是覺得太有趣了。我想找到幾個朋友，趕快向他們炫耀一下自己發現的老木匠的祕密。

最後的結果

林是我的大學同學，大學畢業後，我就很少見到他，因為他總是在忙。

有一次，我參加了一個產業聚會。來的人都是政府部門和相關企業裡的佼佼者，只有我什麼也不是，我是被一個朋友帶去湊熱鬧的。「多認識個朋友多條路嘛，何況還都是些績優股。」朋友開玩笑說。

聚會的場面很熱鬧，甚至可以說有點瘋狂。該聊的話題聊完了，剩下的就是喝酒、唱歌。我生性不喜歡熱鬧，便端了杯茶窩在角落裡，坐定了，才發現角落裡還有一個人，是林。林好像也不喜歡這種場合，他看起來一臉的倦容。

不記得是誰先開口的，總之，我們的話題在會議的主題之外，拉開了長長的戰線。林還是那麼溫和，那麼善解人意，應該說，和他聊天是一件愉快的事情。只是，他太忙了，在我們聊天的二十幾分鐘裡，林的手機此起彼落地響了六七次，每次他都是對我露出抱歉的笑容，說：「不好意思，接個電話。」

在斷斷續續的談話裡，總算了解了林的一些近況。三十歲出頭的林在一家企業做中階主管，剛剛透過競爭得到的職位。林的妻子在一家國營企業工作，他們還有一個五歲的女兒，一個幸福的三口之家。問林近來忙些什麼，林說，正在讀碩士，還有一個月就要畢業了。「單位新來的年輕人不少都是碩士學歷，壓力這麼大，不努力不行。」林感慨著。

我們的談話在林又一個電話響起的時候結束了。林再次對露出抱歉的笑容說：「不好意思，有點急事，得先走了。有空再聯絡！」林整理了領帶和筆挺的西裝，風一樣離開了。

再見到林是三個月以後。我們公司想做一個專案，需要與其他企業談合作。到林的公司的時候，接待我的剛好是林。在林寬敞的辦公室裡，我們的話題不經意地又轉到了三個月前的那次邂逅。問林研究所的事怎麼樣了，林說：「已經畢業了，正準備考博士班。」林指了指辦公桌上那一疊厚厚的資料，像座小山一樣，壓得人喘不過氣來。「碩士不夠用嗎？」我不理解。「我們這裡有好幾個年輕人都在讀博士班，我也不能太落後對吧？」林拍著那堆小山似的資料說。

談談間，林的手機和辦公桌上的電話蟬一般不停地聒噪，林便像個陀螺似的在辦公桌和我之間旋轉。有兩個電話我聽出了異樣，忍不住問林：「你創業了了？」林搖搖頭說：「不是我，是我老婆。辭職都一個月了，自己開了一間化妝品公司，沒空進貨，就把這任務交給我了。」「好好的為什麼辭職呀？」我有點吃驚。「還不是嫌房子小，換了個大的，從銀行貸了上百萬呢，不多賺點錢哪行得通？」

林的忙碌讓我不忍心再打擾他，於是言歸正傳。林看了我遞過去的資料，說：「你們老闆曾經跟我說過這件事，這個專案前景挺不錯的，我支持。」林很爽快地在合約上簽字蓋章，完全沒有我在其他公司遭遇到的拖泥帶水。

從林那裡離開，我一直想請他一次。雖然是同學，但是，於公於私這個人情我都該還。第一次打電話約林，林說正在開會。第二次，林說博士班的考試馬上就到了，他得臨時抱佛腳。第三次，林說妻子的公司拓展業務了，他得幫忙做個計畫。第四次，林說公司內打算選出一個總工程師，要通過考試，他正在準備……

「你到底什麼時候有時間啊？」在第N次電話相約失敗後，我有點急了。「我也不知道，我現在最缺的就是時間。」林在電話那端的講話速度像機關槍一樣，彷彿一個接到了火災警報的消防隊員。

請林吃飯的事就這樣擱置了，直到一個月前，我再次見到了林。

那時，林孤零零地躺在殯儀館的大廳裡，周圍擺滿了鮮花。林出了車禍，他一個人開著車去幫妻子進貨，回來的路上撞上了一輛大貨車。據警察說，林是因為疲勞駕駛才會出事。出車前一天，林剛剛參加完單位的總工程師職位考核。

在與林告別的時候，望著他那張年輕的臉，我的眼淚瞬間流滿整臉。這就是林忙來忙去最後的結果嗎？林也許永遠也不會想到。

但是，不管怎麼說，林總算是放下了身上的擔子，有時間休息了。這也是唯一使我感到欣慰的地方。

五奎老漢的心事

五奎老漢最近有了心事，看到五奎老漢的人都這麼說。五奎老漢經常一個人背著手在自家院子裡蹓躂，不管誰從院門口經過，跟他打招呼，他都是一副無精打采的樣子，臉上也陰得能擰出水來。

五奎老漢不該有這麼重的心事呀？村裡的人都這麼認為。五奎老漢今年已經是快七十歲的人了，要說五奎老漢的前半生，也真是夠不幸的。他三十歲那年，妻子得了一場急病，沒等送到醫院，就丟下他和兩個還在吃奶的雙胞胎兒子走了。五奎老漢的家瞬間塌了天，兩個兒子只有一歲多，家裡窮，買不到奶粉，兩個小傢伙常常餓得嗷嗷叫。五奎老漢沒有辦法，只好天天抱著兒子到處找奶吃。

那時候，很多村裡很多人都勸五奎老漢再找一個伴，拖著兩個孩子，家裡沒有女人怎麼行?但五奎老漢不怎麼想做這件事，不是他不想找，而是怕委屈了兩個兒子。沒有人知道五奎老漢是怎麼走過那段歲月的，不到四十歲，他的腰就彎了，背也駝了，臉上的皺紋彎曲得像個老頭子。就算是這樣，村裡的人也很少看到五奎老漢煩惱過，五奎老漢的日子總是過得很快樂，一說話，眉眼裡全是笑意，彷彿生活從來就沒有對他不公平過。

五奎老漢的兩個兒子雖然營養不良，瘦得像兩根竹子，但背起書包上起學後，卻像是拔高的麥穗，迅速竄高，小學國中高中，光帶回家的獎狀就貼滿了兩面牆。他們考大學的時候，老大跟老二分別考上了不同的縣市的學校，五奎老漢本想只送其中一個去大學，村長卻不認同，他認為好不容易瓜熟蒂落了，怎樣都不能爛在田裡!於是又是集資，又是提供貸款，把五奎老漢的兩個兒子都送進了大學。兩個兒子也很爭氣，大學念完都留在了讀書的那個城市，工作結婚生子，日子一個比一個過得好。

五奎老漢的後半生該享福了吧?村裡的人都這麼想。但奇怪的是，五奎老漢的臉上越來越陰鬱，十分陰沉。「怎麼不跟兩個兒子搬去都市享福呢?」經常有人這麼問。五奎老漢聽了只是笑一笑，說:「葉落歸根，葉落歸根哪。再說都市裡那種房子我也住不習慣。」細心的人就發覺，五奎老漢臉上的笑容總是乾巴巴的，沒有一點水分，怎麼看怎麼像是從一堆皺紋裡擠出來的。難道是兩個兒子不孝順？不會的，有村民說，他在五奎老漢的院子門口，曾不止一次聽到回家探親的五奎老漢的兩個兒子喊著，要他跟自己回城市裡去住。

「那就是……」人們們嘿嘿地笑起來，「年輕的時候介紹也不要，老了老了倒動了春心了。」很快，就有媒人上了門，詢問五奎老漢是不是有這個想法。五奎老漢說：「我都半隻腳踏進棺材的人了，不要糟蹋人家。」

看來人老了，精神也容易出問題。村裡的人再看五奎老漢的時候，眼裡都有了一絲可憐和同情，覺得五奎老漢真是沒有享福的命。

沒有享福命的五奎老漢在一個早上走了，走得靜悄悄的。是村長先知道這個消息的，自從五奎老漢的兩個兒子離開家後，村長就常去五奎老漢的家裡串門子。村長讓人打電話把消息告訴了五奎老漢的兩個兒子，兩個兒子很快就開著車來了，來了就哭倒在五奎老漢的棺材前。

村裡的人都唏噓著，一邊感嘆著五奎老漢兒子的孝順，一邊嘆息著他的沒福氣。村長也來了，村長沒有唏噓，反而出人意料地把五奎老漢的兩個兒子從地上拎起來，敞開打雷似的嗓子吼著：「你們也配在這裡哭？」

村裡的人都愣了，有人就問：「村長，他們有什麼不配的，五奎老漢沒有去都市裡住，是他自己不願意呀？」

「你問問這兩個沒良心的，看看是不是這樣。」村長怒氣沖沖。

「可是我親耳聽到，他們兩個爭著要五奎老漢去他們那啊。」那人辯解道。

「這就是他們兩個幹的好事！他們是在爭著要讓他爸去對方的城市，都忘了他爸是怎麼把他們養大的了，把自己的爸爸當球踢！」村長越說越氣。

「五奎老漢怎麼不告訴我們呢？告訴了我們也好幫他出出氣呀！」那人也開始憤怒了。

「還不是幫他兩個兒子留面子？要不是我追著問，連我也以為這兩個混蛋多孝順呢。問出來了還求著不讓我聲張，怕讓人家看了他兒子的笑話。」村長的手點到了五奎老漢兩個兒子的鼻梁上。

院子裡瞬間安靜，大家都瞪著刀子似的眼睛，在五奎老漢的兩個兒子身上用力兒刨著。

這時候，不知是誰點燃了一串鞭炮，劈哩啪啦的鞭炮聲裡，人們彷彿都聽到了五奎老漢的一聲嘆息，像是在怪自己沒有守住心裡的祕密。

最後一場表演

迪克是一位特技演員，他的職業是高空走鋼索。這是一個危險係數很高的工作，用大多數人的說法，迪克是在玩命。

但迪克把這個工作做得很好，很藝術。在一根纖細得讓人心驚肉跳的鋼索上，手持一根長長平衡桿的迪克，就像是被上帝施了魔法，快慢由己，進退自如。迪克甚至邊走邊為大家進行一些小表演，唱歌，跳舞，做各種我們在平地上都很頭痛的動作。

在迪克生活的這座城市，沒有人沒看過他的表演。有時候即使到不了現場，大家也要看電視臺的現場直播。迪克在他們心裡，就是行走在高空的王子，儘管迪克長得並不帥氣。

開始看迪克的表演時，大家的心都懸著，像是要跳出來。他們甚至不敢呼吸，生怕呼出的氣會變成風，把迪克從鋼索上吹下來。後來，看的次數多了，大家便都放下心來，邊看邊指點，談笑風生地議論迪克的每一個動作。他們已經不擔心了，在他們眼裡，迪克腳下的鋼索就像是平地。

迪克在人們崇拜的目光裡表演了一場又一場，一直到第九十九場。

那天早上，迪克坐在桌前沉思良久，忽然對助手說：「等我表演完第一百場，就打算改行了。」助手不解，問為什麼，迪克說：「一場戲總有謝幕的時候，工作也一樣。有幾個年輕人已經成長得差不多了，我該把機會讓給他們。況且，歲月不饒人，我總不能在鋼索上待一輩子，趁著現在頭腦還很好，我想讀點書，學點別的技術。」

最先支持迪克的是他的妻子，妻子每天都要為迪克的安危擔心，以致寢食難安，得到了失眠症。妻子說：「你一停下來，我就可以安穩地睡覺了。」

然後是迪克的教練、同事和粉絲們，大家雖然覺得迪克這麼急流勇退有點可惜，但聽了迪克的那番話，他們覺得應該理解和尊重迪克的選擇。

接下來，大家都引頸期盼地等著迪克的第一百場——也就是最後一場表演。表演時間預計在十天後，因為那天正好是迪克三十五歲的生日，他想把這場最具意義的表演當作禮物送給自己。

迪克表演的地點設在一個有名的風景區。那裡有一個很大的廣場，非常適合於這樣大規模的演出。鋼索就架在風景區裡兩座相距五十公尺的鐵塔之間，鐵塔共十層，高約二十五公尺。這個高度對於迪克來說，實在是太低了，在迪克的表演生涯中，他挑戰的極限高度是一座峽谷，深不見底。

鋼索架好後，助手關切地問了一句：「要不要鋪安全氣墊？」迪克笑了，說：「你覺得有必要嗎？」助手就不吭聲了，他知道，迪克不是怕鋪了氣墊影響到表演的刺激和觀賞性，迪克是太自信了。過去的表演中，無論是跨越峽谷，還是滾滾的河流，鋼索下都沒有任何防護措施。

一切準備就緒後，迪克開始發送請帖。所有能想到的人，迪克都請了，包括他的啟蒙教練、兒時的玩伴，以及給過他支持和幫助的朋友。大家也都關心著迪克的最後一場表演。那幾天，迪克的手機一直處於戰備狀態，像只不知疲倦的蟬。

「喂，迪克嗎？準備得怎麼樣了？大家都很期待在等著呢。」

「迪克先生，這次在鋼索上有什麼特別的節目呈獻給喜愛您的觀眾嗎？」

「迪克，最後一場表演馬上就要開始了，加油啊！」

……

表演的前夜，迪克失眠了。這是迪克從事走鋼索運動以來第二次失眠。第一次是在他的首場演出前，那時他整夜睡不著覺，心中有如小鹿亂撞，有緊張，也有興奮。現在呢？現在是因為什麼，迪克說一時難以說清楚。

那天人來得很多，偌大的廣場成了瘋狂的海洋。後來有人在報紙上形容那次盛況，用了一個詞叫「萬人空巷」。

迪克上來了！高空王子上來了！人群裡爆發出雷鳴般的掌聲，眾人共同呼喚著一個名字：「迪克，迪克！」

鋼索上的迪克走得很順，和他以前的那些表演一樣。中間，迪克還穿插了兩個高難度的旋轉動作，拋了好幾個飛吻。再往前走十多公尺，迪克就成功了。好多人都已經伸出了雙手，準備迎接勝利的時刻。

悲劇就在這個時候發生了。當時，迪克回過頭，朝群眾裡望了一眼。那一眼很短暫，大家甚至還沒來得及弄清它的含義，迪克忽然身子一歪，整個人像是一隻中彈的鳥，直直地從高空跌落下來，發出了一聲沉悶而令人窒息的聲響……

最先跑到迪克身旁的是他的教練，教練抱起迪克的身體，讓他靠在自己的懷裡。血不斷從迪克的嘴裡冒出來，在地上染上一片令人心悸的紅。迪克嘴唇動了動，喃喃地說：「不好意思，我沒表演好。」

「不怪你，真的不怪你。」教練撫著迪克的臉，語無倫次，「我知道，你是太在乎這場表演了。」說完，淚流滿面。

陪你演場戲

女孩推門進來的時候，男孩正一個人坐在桌邊喝酒。看見女孩，男孩的臉上寫滿了驚訝，半天才吐出一句：「妳……怎麼來啦？」

女孩衝過去，一把奪過男孩手裡的酒杯。「為什麼要騙我？」女孩一臉怒氣地說。

「我……我沒有騙妳。」男孩低著頭小聲說著。

「還說謊?」女孩的臉因為激動而漲得通紅,「小安都已經告訴我了,你根本就沒有愛上她,你是因為公司被騙陷入了困境,怕拖累我才這樣的,是不是?」

男孩抿著嘴,頭搖得蒼白無力。

「你為什麼要做這樣的傻事?為什麼不讓我跟你一起承擔?為什麼要剝奪我們兩個人的幸福?」女孩抓住男孩的手臂,用力搖著,像是要從男孩的嘴裡搖出鬱結在心裡兩個多月的答案。

「不,妳不知道,」男孩終於抬起了頭,臉上滿是悽苦的笑,「我現在什麼都沒有了,不但把家裡的積蓄全都賠了進去,還背負了很多債務。我真的沒臉再見妳了。」

女孩纖細的手指滑過男孩清瘦的臉龐,輕輕地順著男孩的亂髮,「我不在乎,你知道我不在乎這些的。」女孩的兩隻手抱住了男孩的手臂,把臉埋進男孩的臂彎裡,像是沉進了一段甜蜜的往事。

「還記得嗎?大三那年夏天,我們第一次認識的時候。當時我在打羽毛球,一陣風把球吹到了樹上,我急得要命。你來了,什麼也不說,逕自爬上去,把球取了下來。下來的時候，衣服不小心鉤住了樹枝，破了一個大洞。我想給你縫一下，你的臉紅得像個女孩，匆匆地逃走了。後來我才知道，那是你唯一一件像樣的衣服……」

男孩盯著女孩的臉，直直的，不說話。

「大四那年情人節，宿舍裡的女生都收到了男朋友的玫瑰，還有巧克力，只有我沒有。你吃飯的錢都是打工節儉賺來的，我不怪你。那天晚上，我一個人逃離了宿舍，我不想讓自己陷進誘惑裡。但你還是找到了我，交給我一個筆記本，筆記本裡夾著一枚楓葉，像火一樣。楓葉是你大三那年秋天去外地實習的時候，步行十幾公里跑到山裡帶回來的。楓葉上有你畫的玫瑰，三朵。我知道，三朵代表三個字……」

男孩的眼睛溼潤了，身體微微地抖動著。

「畢業第一年的那個春天，我們去逛街，在珠寶行裡，我對著一串項鍊隨口誇了一句，一個禮拜後，你就送給了我一串。當然不是珠寶行裡的那串，你說，那串是你欠我的，等你賺了錢，一定會買給我。你送給我的是一串石頭項鍊。那些五顏六色的石頭是你週末騎著腳踏車，跑遍了附近的山溝找來的，經過精選、打磨，讓每塊石頭都有了自己的樣子。那串項鍊我一直戴著，睡覺的時候也不肯摘下來，因為那上面綴滿的不是石頭，是你的愛。」

女孩翻開衣領，露出了白皙的頸，她的兩隻手小心地探進去，摘下了那串項鍊，放在唇邊，深情地吻著。

男孩的淚終於滑了下來，他哽咽著喚了一聲女孩的名字，然後張開雙臂，把女孩緊緊地摟在了懷裡……

「停！」隨著一聲渾厚的男中音，導演從監視螢幕前站了起來，瀟灑地打了一個響指，「OK啦！」

像是得到了特赦令，女孩從男孩的懷裡掙脫出來，攏了攏散亂的髮絲。那串石頭項鍊在她優雅的甩手動作中落在了一旁的椅子上。

女孩推開屋門往外走。男孩在後面嘶啞地叫了一聲：「安娜，妳真的就這樣要走了？」

女孩轉過頭，淡淡地望著男孩那張扭曲的臉，「還要怎樣？我已經答應你合作完這部戲了，你總不能說我沒有幫你畫好這個句號吧？」

不遠處響起了汽車的喇叭聲。一個衣著筆挺的中年男人在賓士裡對著女孩招手。

女孩頭一扭，快步朝那輛車走過去。光亮的車門關上的一瞬，汽車像一支離弦的箭，轉眼就從男孩的視野裡消失了。

請你吃頓飯

下午快下班的時候，老張接到一個電話，是一家文學雜誌社打來的。雜誌社通知老張說，他的一篇文章被採用了。老張聽了很激動，雖然業餘的時候喜歡塗塗抹抹，但寫的東西都是碎片文章。現在好了，老張也終於開始寫小說啦。

老張激動得在辦公室裡走來走去，老張是個不會隱藏的人，他想要找個人喝兩杯，好好慶祝一下。出了辦公室，看見主任的門開著，老張就走了進去。主任正坐在寬大的辦公桌後面看報紙，一張臉都埋在報紙裡。老張輕輕地喊了一聲，主任從報紙裡探出一對金魚眼來，看看老張，說有事？老張鼓起勇氣說，主任您晚上有空嗎？我想請您吃頓飯。主任把老張上上下下打量了一遍，什麼事？老張說沒事，就想請您吃頓飯。主任說有事就在這裡說吧，別弄得偷偷摸摸的。老張就有些惶恐起來，老張說真的沒事。主任皮笑肉不笑地咧了咧嘴，說老張你那些想法我還不知道嗎，是不是為了升遷的事？

公司裡有升遷機會，包括老張在內的十幾個人爭著一個位置，大家沒有明說，暗地裡都在較勁，都想多拉一張票，主任也是有決定權的人，手裡握著一張寶貴的票。

老張一聽，慌得直搖手，面紅耳赤地說，主任您誤會了，我真的沒有那個意思。主任說有沒有那個意思都沒關係，飯我就不去吃了，免得被人說閒話。

老張尷尬地退了出來，臉上滿是汗珠，老張隱隱約約地聽見主任在身後碎念著，跟我耍心機，哼！

老張就覺得有點喪氣，心想真是熱臉貼個冷屁股。下了樓，老張想推車回家，在樓門口，老張又碰到了同事小吳。小吳正用一雙筷子敲著破碗，哼哼唱唱地往食堂走。小吳的老婆在外地工作，小吳每餐都在公司餐廳解決。看見小吳，老張的心裡撥開雲霧似的亮了起來。小吳平時也喜歡寫寫文章，只是從來也沒有登上過報紙，小吳就整日裡跟在老張屁股後邊，老師長老師短地請教。老張想，這樣的快樂也許只能跟小吳來分享。

老張就叫住了小吳，說小吳今天別吃食堂了，哥請你上館子。小吳愣了一下，說張老師有事？老張說沒事，就是想請你吃頓飯，聊聊天。小吳說張老師有事就直說吧，不用客氣。老張說真沒事。小吳狐疑地看了老張一會，說是不是借錢的事？哎呀張老師，真不巧，我丈母娘前幾天生病住院了，好不容易存的那點錢全部都拿去繳住院費了。老張一拍腦袋，說在胡說什麼呢小吳？不是跟你借錢。小吳說那就是別的事。張老師您看我這人無職無權的，怕是更幫不上您什麼忙。老張氣得輝輝手，說還去吃你的餐廳吧。

騎著車回到家，老張還是一肚子氣。老婆正在廚房忙，看見老張回來就喊，別愣著啊，過來幫個忙。老張就低著頭地去了，洗了菜，老張的心裡又開始蠢蠢欲動，於是跟老婆說，別麻煩了，我們到外面吃吧。老婆說好好的去外面吃幹什麼？老張說好好的就不能去外面吃一次？老婆說不對吧，是不是做什麼虧心事了？老張說妳整天跟個惡地主一樣，把我的口袋都掏空了，我有那個想法也沒那個錢。老婆哼了一聲，說你一提錢倒提醒我了，每月留的錢連讓你抽菸都不夠，哪來的錢去吃餐廳？老張說是從菸錢裡省下來的。老婆臉上就掛了一副不屑的笑，就憑你？像個菸蟲一樣，我還不知道。說，是不是又存私房錢了？老張說不要亂猜，沒這種事？老婆說還想狡辯？上次搬家的時候翻出來的是什麼？

上次搬家，書櫃裡的書散了一地，裡面跳出許多鈔票，讓老張多日來的苦心經營毀於一旦。老張還想解釋，老婆的一隻手已經伸到了他的口袋裡。老張叫了一聲，按著口袋落荒而逃。

華燈初上，夜色闌珊。老張卻沒有心情看這些景色，原本只想請人吃頓飯慶祝一下，沒想到請出這麼多麻煩來，這讓老張哭笑不得。街上的小吃攤一家挨著一家，烤肉串的香氣和老闆娘的熱情挽住了老張的腳。老張想，既然沒人跟我吃飯，我就自己吃，還比較省錢。老張就在一張空桌子邊坐下來，很豪氣地要了幾盤小菜、一手啤酒，一邊吃喝，一邊想些有的沒的的心事。忽然，一陣吵鬧聲勾起了老張的注意，老張看見一個衣衫襤褸的乞丐，舉著一個碗挨桌乞討。那些衣著時髦的食客雖然一聲聲粗暴地吆喝著、驅趕著，乞丐卻不急不惱，仍舊一聲一聲地央求。老張看不下去，對著乞丐一招手，說來我這裡吧。乞丐就來了，一臉的感激。老張遞給乞丐一雙筷子，乞丐不動，怯怯地望著老張。老張一急，端起桌上的盤子，在眾人怪異的目光裡，一股腦倒進了乞丐的碗裡。

捧著滿滿的一碗菜，乞丐的嘴唇不停地抖著，走出去好遠，又回頭對著老張深深一鞠躬。

老張笑了，老張說總算請人吃了一頓飯。說完，老張的鼻子又有點酸，鹹鹹澀澀的東西一瞬間就模糊了老張的眼。

二奎丟了一輛車

二奎的車丟了。

車是去年才買的，幾十萬的Nissan。買這輛車的時候，二奎下了很大的決心，畢竟，自己的薪水只夠養家餬口的。可是現在，這輛幾乎傾盡二奎全部家底的寶貝車，竟然丟了！

二奎愣了半天，才跑到警察局報案。接獲報案的警察很熱情，讓二奎做了詳細的登記之後，說：「這段時間偷車的案子特別多，我們正在努力追查，希望您能耐心等待。」二奎還能說什麼呢？除了等待，二奎實在想不出更好的辦法了。那就等吧。

一個多月後的一天，二奎忽然接到了警察局的電話，電話裡說，他的車找到了。等得焦頭爛額的二奎跳了起來，心想，那幫警察真的不是混假的。

二奎馬不停蹄地跑到警察局，找到了當初接待他的警察，握著人家的手搖了半天，才上氣不接下氣地說：「謝謝，謝謝啦。我的車，在哪呢？」

警察把二奎帶到後面的一片空地。偌大的場地上，二奎的車孤零零地停在那，車輪上還被纏上了一條很粗的鐵鏈。

「看看人家警察，想得多周到，在警察局的院子裡，還幫我的車上了鎖。」二奎邊想邊快步走到車前，在車身上小心地撫摸著，像在撫摸久別重逢的戀人。還好，車沒有受傷，還是丟失前盔明甲亮的樣子。二奎掏出車鑰匙，嘩啦嘩啦晃盪著對警察說：「我現在能開走了吧？」

「對不起，現在還不行。」警察搖了搖頭。

「為什麼？」二奎不明白。

「因為還要辦理一些手續，結束了我們會盡快通知您，請你耐心等待。」警察帶著職業性的微笑，這微笑讓二奎的的一顆心放下了，既然車已經找到了，那就讓人家把手續辦完吧。

可是，二奎在家裡等了一個多月，也沒等到領車的通知。二奎有點坐不住了，跑到警察局，找到那個警察，然後小心翼翼地問：「警察先生，我的車能開走嗎？」

「還得再等幾天。」還是那副職業性的微笑。

二奎沒再多問，反而覺得有點不好意思。人家幫自己找到了車，自己怎麼好一直這麼催下去呢？

又耐著性子等了一個多月，還是沒有消息。二奎急了，又跑到警察局，問那個警察：「你們的手續也該辦完了吧？」

「辦好了我們會通知你的，懂嗎？」警察的臉上掛著不悅，看來是有點生氣了。

二奎愣了一下，不知道自己做錯了什麼。車是自己的，雖說是警察找到的，但終究還是自己的，怎麼就不能開走呢？

這麼想的時候，二奎就有些惱，剛開始的興奮和激動也煙消雲散。但自己是手臂，人家是大腿，既然拗不過，等吧。

這一次，二奎一口氣等了兩個多月。其間，二奎還悄悄地潛進警察局，想看看自己的寶貝汽車，想不到都被值勤的警察禮貌地趕了出來。就在二奎等得快要發瘋的時候，警察局的電話終於來了，要二奎前去領車。

到了警察局，二奎吃了一驚，那片空地上，一輛挨一輛停滿了各式各樣的車，足足有三十幾輛。車前的草坪上，人來人往，熱鬧得像是廟會一樣。二奎懵懂地被人推到人群裡，然後又像一盆花似的被人挪來挪去，尋找合適的位置。等到幾十個人都站好了，又來了幾個的警察，在熱烈的掌聲裡，幾個警察站到了二奎他們前面。

接下來是上司發言，代表講詞，獻花，拍照，鑼鼓喧天……

喧天的鑼鼓聲裡，二奎隱隱約約地感覺到這是一個破獲盜車集團的慶功會。至於會上的人都在講些什麼，二奎一句也沒聽進去，除了惦記自己的車，二奎還被那些長槍短炮的閃光晃得頭暈。

好不容易等到結束，一個上司模樣的警察把手一揮，說：「大家開始領車吧。」幾十號人開始迫不及待地狂奔。二奎也跑，跑到自己車前，二奎愣住了。幾個月前還好好的一輛車，現在身上鏽跡斑斑，滿是刮痕。還有一盞車頭燈，不知道被誰給碰出了裂紋。

剛才還心存喜悅的二奎，心情立刻就黯淡了，像是生吞了一隻蒼蠅。

女人的心思你別猜

林小梅是在回到自己座位上的時候開始咳嗽的。

當時，辦公室裡的幾個同事正坐在電腦前忙，林小梅走了進來。林小梅在辦公室裡環顧了一圈，然後走到同事小吳的身邊，她趴在電腦前看了一會，說很忙哦小吳？小吳抬起頭對林小梅笑了笑，算是回答了。

部門裡這段時間忙得厲害，每個人的分工又都是一個蘿蔔一個坑，小吳實在沒時間和林小梅扯閒。

林小梅見大家都忙著，就回到了自己的座位上。咳嗽就是這個時候開始的。林小梅輕輕地咳嗽了兩聲，聲音很低，所以大家都沒有在意，繼續埋頭工作。不一會，林小梅的咳嗽聲就大了起來，一聲連著一聲。咳嗽聲很尖銳，像是從肺裡一口氣竄出來的，帶著痰音和哨音。大家不由得轉過頭來。

林小梅，是不是感冒了？小吳關切地問了一聲。

林小梅搖了搖頭，說沒事，就是昨晚沒睡好。

是嗎?要不要去看看醫生?小吳是個熱心的人，他離開座位，幫林小梅倒了一杯熱水。

是啊是啊，妳還是去看看醫生吧。大家都附和著。

林小梅笑了笑，沒事，真沒事，喝點水就好了。

大家就又開始忙起來。不一會，林小梅的咳嗽聲又響了起來。同事小王拉開了自己的抽屜，從裡面拿出一盒藥來，說，林小梅姐，吃點咳嗽藥吧。

不用不用，林小梅慌亂地搖著手。

怎麼了，林小梅姐，看不起我呀?小王半開玩笑半認真地說。

林小梅忽然漲紅了臉，她接過了小王的藥。藥是中藥，小王說每次吃一包，第一次加倍。

林小梅望著兩包黑黑的中藥，遲疑著。

小王說林小梅姐妳平時不是這樣啊，今天是怎麼了?不就是兩包藥嘛，快吃了吧，治病為上。

林小梅只好閉著眼，把兩包藥倒進了嘴裡。藥很苦，林小梅摀著胸口皺了皺眉頭。

小王說好點了嗎？

林小梅說好點了。

小王說要不要我幫妳請個假？

林小梅說不用了，我真的沒事，你忙你的吧。

一直到下班，林小梅沒有再咳嗽，大家就放心下來。

晚上回到家裡，林小梅看見丈夫正坐在沙發上看球賽。林小梅說回來了？

丈夫嗯了一聲，眼睛仍舊盯著螢幕。

林小梅又開始咳嗽了。

見丈夫沒有動靜，林小梅忍不住說，我咳嗽了。

丈夫說是嗎？那就吃點藥吧。

林小梅一聽就忍不住生氣，吃藥吃藥，你們就知道叫我吃藥，也不問問我為什麼咳嗽。

說完，林小梅扯下身上那件花了整整一天時間才挑對眼的漂亮的藍裙子，狠狠地摔在了丈夫的臉上。

時尚的原因

同事李姐最近變化不小。我指的是穿衣打扮。李姐本來是個很邋遢的女人，共事快十年了，我從來沒見過她在穿搭上費過心神。一年四季就那幾套，在身上換來換去，活像一株沒有生氣的植物。我們曾勸過李姐：「沒事多逛逛街吧。」李姐總是像男人似的一甩頭：「那多累呀，還不如待在家裡看電視呢。」我們搖頭，覺得李姐在女人堆裡，也算「另類」了吧。

可是最近，李姐真的開始脫胎換骨了，認識李姐的人都這麼認為。先是頭髮從直的變成了捲的，而且即便是外行人，也能感受到那份燙工的精緻，想必是時髦的髮廊的傑作。再來是耳垂和脖頸，原來光禿禿的地方，現在全武裝上了耀眼的「黃金甲」。然後是衣著，一改昔日的土氣，換成了五彩斑斕，整個人宛如開屏的孔雀，一夜之間就顯出了燦爛。

那天，實在忍不住好奇，問李姐：「是什麼讓妳獲得重生，學會做女人了？」李姐臉一紅，說：「唉，都是我家女兒，天天念著要我變變花樣，真拿她沒辦法。」

我們面面相覷。李姐的女兒叫小米，剛滿十三歲，正是埋頭用功的年齡，怎麼會有閒情逸致關心起老媽的穿搭來？看來裡面還有內幕。無奈，再問，李姐怎麼也不肯說了。

「李姐不會是有了婚外情吧？」同事小玉一臉壞壞的表情。李姐聽了嗤嗤笑起來，花枝亂顫：「我倒是想時髦一下呢，只是這個樣子，」李姐指了指自己足有寬寬的水桶腰，「誰能看得上呀？」

「那就是姐夫發了大財啦。」小玉接著猜。「別提這個了，想到就煩，」李姐的臉上晴轉多雲，「我們家那位，除了拿個死薪水，剩下的本事就是跟我搶遙控器看球賽了。看看人家，都換了大房子，但我們一家三口還擠在小小的蝸牛殼裡，來個客人，腳都沒地方放。這輩子是瞎了眼才跟他結婚。」

小玉吐吐舌頭，不敢再問了。就這樣，每天看著李姐在我們眼前晃來晃去，就像看著一道「啞謎」，除了好奇，誰也揭不開謎底。

前幾天晚上，李姐帶著寶貝女兒小米登門，說是小米要期末考試了，寫了幾篇作文，想要我指導她。

李姐在客廳裡看著電視，我在書房幫小米講解作文。幾篇都講完，伸了個懶腰，我忽然就想起李姐的那個「啞謎」來。我很想知道，小米為什麼要對媽媽的穿搭指手畫腳。

聽完我的疑問，小米俏皮地撇撇嘴，說：「你問我老媽呀？要在以前，我才懶得管這種事呢。但現在，念了國中，學校要求每個月都要開一次家長會。家長會上，我發現別的同學家長打扮得一個比一個漂亮，但我老媽灰頭土臉的，搞得好像鄉下老婆婆一樣，害得我在同學面前超級丟臉……」

舉個例子給你看

男人回到家的時候，上小學的兒子正趴在書桌前做作業。

兒子看見男人，一隻手撐著下巴，樣子很嚴肅地說：「爸爸，我想問你一個問題。」

男人笑了，因為男人想起了一句名言：人們一思索，上帝就發笑。兒子那個樣子真的很像哲學家。

「你問吧。」男人換上居家服，輕輕地走到兒子身後，撫摩著兒子的頭說。

「爸爸，什麼叫蠻橫霸道？」

男人一愣，「怎麼突然問這個？」男人看了看兒子的作業本，原來是一道名詞解釋。

男人想了想，說：「蠻橫霸道嘛……就是不講理吧。」

兒子的眉頭皺了皺，顯然對這個解釋並不滿意，「爸爸，你能不能舉個例子？」

「例子？」男人抬起頭，望著天花板，腦子裡飛快地翻動著和那個詞有關的記憶。

過了一會，男人說：「打個比方說，你媽媽天天回到家裡，有事沒事就來翻我的公事包、衣服口袋，還老是問一些稀奇古怪的問題，像個……怎麼說呢？像個菜市場的潑婦，這就是蠻橫霸道。」

男人的話剛說完，門就開了，女人回來了。

男人迎過去，說：「回來啦？」

女人不理，女人一臉的怒氣，「你說，接著說呀。」

男人說：「說什麼？」

女人說：「很會裝，當我沒聽見啊？你說你這個人，孩子這麼小，你跟孩子講這些幹什麼，很好玩嗎？」

男人看了一眼孩子，壓低聲音說：「妳別急嘛，孩子想問一個詞，我不過是舉個例子給他聽嘛。」

「例子？」女人哼了一聲，「你怎麼不拿你自己當例子呢，你以為你自己做的那些事多好嗎？」

「我怎麼了？」男人的火氣也冒了上來，聲音也高了許多，「妳不要沒事找事好嗎？別說我只是舉個例子，就算不是舉例子，我也沒說錯什麼。」

女人「嘖嘖」兩聲，「尾巴都翹起來了吧，你是沒說錯什麼，但你也該想想，我為什麼要翻你的包包？就看昨天晚上來的事，你偷偷在包包裡放那麼多錢幹什麼？」

「那是我剛剛收到的稿費。」

「稿費？都吃過晚飯了怎麼也沒看你拿出來交給我，想拿去給誰花啊？」

「我就不能留點錢嗎？我好歹也是個男人！」男人揮舞著手說。

「誰說不讓你留錢了？菸錢酒錢，不是每月都給你了嗎？還拿那麼多錢做什麼？你以為這個家就你一個人？孩子上學，房子貸款，等著我一個人賺錢啊？還有，昨晚上我還沒問你呢，你衣服上的香水味是怎麼回事？」

「什麼香水味？」

「又裝，」女人撇了撇嘴，「以為我鼻子是擺設啊，什麼都聞不出來？」

「那……那是跟同事吃飯時沾上的。」

「吃飯？吃飯能吃出身上香水味？」女人冷笑。

「吃過飯還跳了舞。」

「跳舞？跟誰跳的舞？哪個狐狸精？好啊，我在家辛辛苦苦帶孩子，你倒好，出去跟女人鬼混，你還是個人嗎？」女人拉高了嗓音。

「我沒有，那是我們部門的同事，她生日，整個部門的人都去了。」男人辯解道。

「都去了？都有誰？誰能證明？你打電話給他，我問問！」

「不跟妳說了，簡直是蠻……」

「是不敢說了吧！心虛了吧？我這輩子造了什麼孽啊，碰上你這麼個沒良心的！」女人一屁股坐在沙發上，邊哭邊抹起了眼淚。

「日子過不下去了！」男人跺了一下腳。

「想離婚了是不是？你早說呀，我成全你！你不就是在等著這一天嗎？」女人的哭聲大了起來。

「這可是妳說的！」男人咬著牙說。

「離婚了好去找那個狐狸精鬼混？你倒是想得美！有我在，你們這輩子都別想如願！」女人變得歇斯底里。

「妳到底想做什麼啊？」男人把手裡的一本雜誌狠狠地摔到了地板上。

「摔東西？你以為我不會？」女人順手從茶几上抓起了電視遙控器，舉了起來……

這時候，屋裡響起了兒子的咯咯笑聲，銀鈴一般，兒子一邊笑一邊拍著手從書桌前站起來。

「兒子你怎麼了?」男人小心翼翼地問道。

「爸爸，你們舉的這個例子可真生動啊，」兒子說，「我終於明白什麼叫蠻橫霸道了。」

保守一個祕密

王大鵬病了，他離開酒局回到家就覺得身體有些不適。起初，他並沒有在意，以為是吃壞肚子，忍忍也就好了。到了傍晚，王大鵬撐不住了，肚子裡像有一隻手，上下左右地撕扯著，一陣陣的劇痛折磨得他喘不過氣來，在一旁的妻子慌了，急忙問怎麼了?王大鵬指指電話，有氣無力地說，快……快打119。

王大鵬很快就被送到了醫院，一陣手忙腳亂的檢查之後，值班醫生走了過來，問王大鵬，是不是經常喝酒?王大鵬點了點頭，自己在一家公司擔任業務，雖然只是個課長，但要負責的事情很多。當然，那些要談的業務最終敲定的場所都與酒局有關。喝酒也是沒辦法，身不由己。

可是，這跟生病有關嗎?王大鵬不解。

關係可大了。醫生一臉的嚴肅，因為經常酗酒，所以傷到了肝，恐怕得動手術。

動手術？王大鵬睜大了眼睛，你是說要切除肝？

醫生沒有點頭，也沒有搖頭，但王大鵬還是從醫生的眼神裡找到了答案。王大鵬定了定神，又問，什麼時候？醫生說當然是越快越好。王大鵬遲疑了一下，我有一個請求，要是有人來探望，希望你們醫院能為我保守祕密，不要把我的真實病情告訴別人。醫生問為什麼？王大鵬說，公司這段時間很忙，我不希望大家因為我的病分了心，耽誤了工作。醫生點點頭，現在像你這樣的上司不多見了。

醫生走後，妻子不滿地質問王大鵬，別人生病都是搞得驚天動地，生怕人家不知道，你憑什麼要掩蓋著？我們送了人家那麼多禮，也該收一些好處了。王大鵬雙眼一瞪，我叫妳別說就不要說，整天就知道錢錢錢！妻子委屈地撇撇嘴，那要是人家問起來，我怎麼說？王大鵬想了想，就說我吃到不乾淨的東西，腸胃不舒服，休息幾天就沒事了。妻子說跟親戚也這麼說？王大鵬說也這麼說。妻子說跟兒子呢？王大鵬說都一樣。妻子說這麼大的病，瞞得住嗎？王大鵬說能瞞多久是多久。妻子說保險給付如果有通知到公司，人家還會不知道嗎？王大鵬說先不報，大不了我們自己掏腰包。妻子又抹起了眼淚，你真要當聖人呀？王大鵬心情煩躁地擺擺手，好了好了，妳先回去，讓我靜一靜。

讓王大鵬沒有料到的是，第二天一早，兒子就來了。17歲的兒子一進病房，就抱怨起來，老爸，這麼大的病，為什麼不告訴我？王大鵬一愣，聽誰說的？聽我媽說的，兒子答道。王大鵬有點生氣，叫她不要告訴別人，怎麼連這點祕密都守不住？兒子的眼眶紅了，爸，難道我也算別人？我就不能為您分擔一點痛苦？王大鵬連忙安慰起了兒子。

第三天，王大鵬的哥哥也來了。哥哥放下手裡一大包食物，念個沒完，病了怎麼一聲部坑呢？要不是姪子告訴我，我還什麼也不知道呢，把哥哥成什麼了？

接著是公司的上司和幾個同事，擁擠地坐了一屋子。上司說，你哥和你老婆把你的情況都告訴我們了，老王，這樣做不太好，瞞著公司，怕大家來看你嗎？呵呵。我知道你是為了工作，但身體是本錢，身體養不好，難道要拿嘴去工作嗎，是不是？我已經跟公司同仁告知你的事蹟，讓大家好好學習一下。

探病持續了一個上午，直到醫生出面「干涉」，病房裡的熱鬧場面才宣告收場。人去屋空，王大鵬疲憊地躺在病床上，痛苦地閉上了眼睛。妻子進來了。王大鵬一見就歇斯底里地吼，妳為什麼要告訴他們，妳腦子有病啊？妻子怯怯地望著王大鵬，說，我只是告訴了兒子，沒想到……不過，這也是好事呀，不正好幫你樹立個好形象嗎？

好個屁！王大鵬狠狠地拍了一下床沿，妳知道嗎？再過一陣子公司要做人事調整，經理要換人，要從課長中選出人來當經理。老闆已經找我聊過了，要我做好心理準備，關鍵時刻出這種事，生了這麼大的病。妳也不想想，身體不好，我還能指望被提拔？！

誰碰倒了骨牌

警察把裝修工王磊帶上警車的時候，王磊的嘴裡還在不停地喊著：「我不是故意的！我真的不是故意的！」

審問室裡，一個模樣有點像周潤發的警官問道：「為什麼殺人？」

王磊喃喃地說：「我沒有要殺他。」

「手癢了？當成牲畜在殺？」警官厲聲喝道，「說說你的動機！」

「我真的沒有打算殺他。」王磊嚇得渾身發抖，「他是老闆，我只是被雇用的，要不是因為我女朋友，他就算再多罵我十句，我也不會昏頭做這樣的蠢事啊。」

「你女朋友怎麼了？」警官咄咄逼人。

「我也很納悶，」王磊嚥了口唾沫，囁嚅道，「當時我正忙著幫那個人房子做裝潢，我女朋友哭著來找我。她在別人家裡當保母，我以為誰欺負她了，就急了，問她：『怎麼了？是不是那個人騷擾妳？』她搖搖頭說：『我不想在那邊做了。』我說：『不想做就不做，我養妳。』她說：『你說得容易，你拿什麼養我？』我就不吭聲了，我無話可說，結婚用的房子都還沒錢蓋。看我不說話，她又哭了起來，埋怨道：『你倒是說話呀，你不是很會說嗎？怎麼變啞巴了？看看人家美英，找個男朋友等於找了個依靠，我找了你有什麼用？還要到處看人家的臉色，吃人家的白眼，聽人家的訓斥，早知道是這樣，還不如當初……』她話沒說完就流著淚跑了。」

「你女朋友是誰？」

「小桂。」

警察找上了小桂。小桂聽說了王磊的事，摀著臉嗚嗚地哭起來。

「為什麼跟王磊吵架？」還是那個警官。

「都是因為劉祕書，」小桂哽咽著說，「中午吃飯時，劉祕書回到家，鞋也沒換就坐在了沙發上，還點了一支菸。劉祕書從來不抽菸，也不會抽菸，吸了兩口，就開始不停地咳嗽。我以為他不舒服，就跑了過去，問他是不是病了，然後倒了杯水給他。誰知劉祕書剛喝了一口，就把杯子摔在地上，劈頭蓋臉地吼我：『妳想燙死我啊？會不會當保母？不會就東西收收滾蛋！』我當時就傻了。當初之所以選擇劉祕書家，就是因為他們一家脾氣好，待人隨和，在他家做了這麼久，也真的沒有受過什麼委屈。但中午不知道怎麼了，不就是一杯水嗎？更何況那杯水並不燙啊。在倒給他之前，我還喝了一杯。」

「後來呢？」

「後來，我就去找了王磊，一見面就跟他吵了起來……警察先生，這件事真的不怪他，都怪我！」小桂歇斯底里地叫著。

「帶我們去見劉祕書！」警官說。

劉祕書家裡。警官問：「你中午罵保母了嗎？」

「嗯。」劉祕書以為被保母告了，緊張得不行。

「說說是怎麼回事。」

「是這樣，」劉祕書瑟瑟發抖地說，「上午一上班，我就去了老闆辦公室，通知老闆說，客戶那邊有個會議要他參加。沒想到他一聽就急了，山洪暴發似的咆哮起來：『會會會，怎麼又開會？事情多得要死，我還得不停開這些沒用的屁會，你就不能安排一些正常的工作？』我當下就傻了了，腦海裡一片空白。我不懂自己做錯了什麼，讓一向溫和謙恭的老闆發這麼大的火。從老闆辦公室退出來，我就覺得腿有點軟，整整一上午，我都坐在辦公桌前發呆，腦子裡想著著自己這幾天的言行，左思右想也找不到問題的癥結。所以，我覺得很心煩，回到家，不問青紅皂白，就對保母發起了脾氣。」

「帶我們去見見你們老闆好嗎？」警官說。

老闆家裡，哭聲震天，一打聽才知道，老闆下午出事了。

老闆老婆一聽到警察問起丈夫的事，頓足捶胸地哭了起來：「都是我害了他，他昨晚半夜才回家，我以為去哪裡鬼混了，就罵了他幾句。今天中午吃過飯，又逼著他到新買的房子裡，盯著工人做裝潢，我如果沒有要他去，也不會發生這樣的事啊……」

到底誰是壞人

小毛的職業是計程車司機。他每天的工作就是開著那輛八成新的車子，在人口稠密的地區攬客。

車是從計程車公司租來的，為了能最大限度地從那輛車上榨取到更多的剩餘價值，小毛和一位朋友一天二十四小時輪班。小毛開的是夜車，也就是說，他的生理時鐘跟地球另一端的美國人正好一致。

市區的夜晚總是被燈紅酒綠包裹著。這裡有好幾家夜店，午夜裡進進出出的人，讓小毛從來不用為生意煩惱。小毛每次把客人送到目的地後，他又會折回來，把車停在任意一家夜店前，然後開啟音樂，開始靜靜地等。

這晚，小毛像往常一樣，把車停在夜店前等客人。車裡放著的輕快的曲調讓他的心也輕快著。忽然，一個身影在車窗前停下來，拍了拍窗。

生意來了。小毛關上音樂，坐起身，降下車窗。外面的人探頭往車裡看了看，然後一聲不響地轉過身，走了。

小毛「哈囉」了一聲：「空車，要搭嗎？」

那人回過頭，衝著小毛揮了揮手，逕自朝另一輛計程車走去。

「神經病！」小毛在心裡狠狠地罵了一句。那人是一個戴著眼鏡的白淨男人，八成是嫌自己的車不夠新。「莫名其妙！」小毛還想再罵幾句，一對男女裹挾著一股淡淡的香水味鑽進了車裡。

小毛發動了車子，賺錢的念頭讓他顧不得理會那個「有病」的男人了。

10幾分鐘後，小毛再次回到了市區的夜店前，停好車，進入等待狀態。還沒閒下來，一個身影在車窗前停下來，拍了拍窗。

小毛搖下車窗，竟然又是那個白淨的戴著眼鏡的男人！

男人也認出了小毛，他尷尬地對小毛笑了笑，一聲不響，轉身就走。

小毛急了，他推開車門，堵到了男人面前：「你到底是不是想搭車？」

男人愣了一下，點了點頭。

「那你為什麼光看不坐？」小毛的語氣裡透著生冷。

「我……」男人似乎有點猶豫，「我想找一臺女司機開的車。」

「女司機？」小毛覺得苗頭不對。上個月剛剛發生一起搶劫並殺害女計程車司機的案件，凶手至今逍遙法外，莫非？

小毛打了個冷顫，他迅速鑽回車裡，摸出了手機。

沒多久，一輛警車呼嘯著開了過來。兩個警察在小毛的引領下，來到了還在尋找目標的男人面前。

「請問，你是做什麼的？」出示過證件後，身材稍胖的警察問男人。

男人看看警察，又看看警察身後的小毛，就明白是怎麼回事了。他從上衣口袋裡掏出自己的證件，解釋說：「我是老師。那是我老婆。」他的手指指向不遠處臺階上坐著的一位端莊的女人。

警察走到女人面前，印證了男人的話後，他不解地問：「為什麼非要乘坐女司機開的車？」

「噢，是這樣，」女人靠到男人身邊，用略帶沙啞的嗓音說，「半個多小時前，我接到老家的電話，說我媽生病了，很嚴重。我得馬上趕回去。老家離這裡非常遠，又已經這麼晚了，本來要他陪我回去的，可是，女兒明天要參加一場很重要的比賽，他必須跟著。沒辦法，我就讓他找一臺女司機開的車——最近新聞不是常說有計程車司機搶劫乘客的事嘛，我想，這樣也比較安全一點。」

兩個警察對視一眼，搖搖頭，笑了。身材稍胖的警察轉過身，看著小毛說：「不然，你送她？」

小毛機械式地點了點頭。燈紅酒綠的夜色裡，沒有人發現，小毛的臉通紅著，半天都沒有恢復過來。

生日禮物

丈夫下班的時候，妻子正蹲在房子前面的綠地上修剪草坪。時候正是初夏的中午，有金色的陽光在翠綠的草葉上滾動著，泛著溫柔的光。

妻子身上套著一件藍色工作服，手裡握著一把園藝剪刀，很認真地忙著。草坪面積不大，修剪工作很快就接近了尾聲。丈夫拖沓的腳步聲在妻子身後停下來，「昨天不是剛剪過嗎？怎麼又剪？」妻子笑笑，抬起手背抹了一把臉上的汗，說：「馬上就好。」

自從妻子失業後，待在家裡百無聊賴的，就想起了這麼一個打發時間的方式，買來一把園藝剪，天天學著修剪草坪。

妻子剪完最後一塊草地，拍拍身上的草屑後站起來牽著丈夫的手臂進了屋。午飯已經擺在桌上了，很豐盛，幾個盤子裡還裊裊地冒著熱氣，一條紅燒魚的香氣在屋子裡瀰漫著。丈夫吸了幾口，「好香。」然後他像個孩子似的靠在桌子邊，伸手便捏了一塊肉，丟到嘴裡。

「洗手。」妻子說，一邊脫下身上的工作服，端了一盆水過來。丈夫聽話地在妻子的注視下洗了手，和妻子一起坐在了桌邊。丈夫看來是餓極了，一副很狼狽的吃相，這讓妻子在一邊嗤嗤地笑。忽然，妻子想起了什麼似的說：「明天我們怎麼過啊？」丈夫沒有抬頭，嘴裡仍舊嚼著一塊魚肉。「我在問你！」妻子又說。丈夫「嗯」了一聲，「什麼怎麼過？想怎麼過就怎麼過吧。」「可是，」妻子說，「明天……不是普通的日子啊。」「明天？」丈夫歪著頭想了一會，「好像不是什麼節日啊。」

妻子噘起了嘴，臉上的笑捉迷藏似的躲了起來，「你再想想。」丈夫皺著眉頭，像是考場上遇到了難題的學生，「情人節好像早已經過了啊，結婚紀念日也在年底。」丈夫自言自語著。妻子放下了手中的筷子，聲音有點大，看起來像是有點生氣了。

「妳告訴我吧老婆。」丈夫一臉無辜的樣子。妻子徹底放棄了誘導的念頭說：「明天是我的生日。」「噢！」丈夫拍了拍腦袋，「妳看我的記性，都忙昏頭了。沒錯，是妳的生日，5月21日，521——我愛妳，嘿嘿。」丈夫笑起來，妻子也跟著笑起來。

「你會送我禮物嗎？」妻子有些羞怯地問。「當然。」丈夫答得很乾脆。妻子臉上的笑綻放開來，她伸出兩隻手，在丈夫面前來回地翻弄著，「你看看我的手。」妻子說。

妻子的兩隻手上光光的，什麼也沒戴。沒失業的時候，妻子在一家工廠上班，兩隻手每天和那些瓶瓶罐罐打交道，也就不適合戴飾品，後來離開公司了，變成捨不得買了。兩天前，妻子去鄰居家串門子，那個同樣在家當全職太太的女人，在她面前不停地晃著兩隻手，那兩隻手上戴著四個戒指，這讓她的心裡多少有點羨慕。

丈夫捏著妻子的手看了看，「辛苦了。」他說。妻子心裡暖暖的，她要的就是丈夫這句話。

第二天，丈夫很早就回來了，手裡拎著一個漂亮的盒子。餐桌上已經擺上了蛋糕，蛋糕上插著花花綠綠的蠟燭，很詩意地擺成心形的圖案。「回來啦？」妻子說。「回來啦。」丈夫應著，把禮物放在了蛋糕旁。妻子飛快地在包著塑膠袋的禮物上掃了一眼，很精美的包裝，盒子也不小，應該是手鐲吧？妻子的心中小鹿亂撞。

「在哪裡買的？」妻子忍不住問。「跑了好幾個地方呢，」丈夫說，「最後才在一家賣場裡找到，滿好看的。」「是嗎？」妻子感激地望著丈夫，「什麼顏色？」「墨綠色。」丈夫說。丈夫還記得她喜歡的顏色，妻子的心裡如春水般蕩漾。

「閉上眼睛，打開它，看看喜不喜歡？」丈夫似笑非笑地盯著妻子的臉。妻子的臉上飄過一片紅暈，她很順從地閉上眼睛，兩隻手摸索著開啟了盒子，她摸到了一團軟軟的東西，「這是什麼？」妻子睜開了眼睛，然後，她看見了丈夫買給她的禮物——一雙很漂亮的墨綠色的園藝手套，大牌的那種。

平安夜的禮物

在聖誕節的前一天，我帶著兒子去書店看書。在書店門前的那條街上，我看見一個女孩，十八九歲的樣子，她手裡捧著一個紙盒，站在街邊乞討，每走過一個行人，女孩都賠著笑臉迎上去，伸出紙盒乞討。

我自覺不是一個冷漠的人，卻一向對這種公然的乞討沒辦法有同情心，何況她還是一個身體健康的年輕人。我面無表情地想從女孩旁邊繞過去，想不到女孩早已經注意到我了。她快步走到我面前說：「先生您好，可以給我一塊錢嗎？」

「裝得倒挺真誠，哼。」我在心裡冷冷地想，沒有理睬女孩的話，繼續往前走。女孩不依不饒地追上來，懇求道：「先生，發揮愛心吧，我只要一塊錢。」

我厭惡地瞪了她一眼，還想再回絕。兒子在一旁說：「爸爸，給姐姐一塊錢吧，也許她餓了呢。」

望著兒子無邪的眼神，我的心軟了下來，我默默地從口袋裡掏出一枚一塊錢的硬幣，丟進了那個紙盒裡。女孩鞠躬說：「謝謝您了。」卻依舊沒有放過我的意思，一隻手從口袋裡掏出紙和筆，接著問道：「先生貴姓？」

我狐疑地看了她一眼，心想，哪有討錢還問人家姓什麼的？難道還想問姓名和住址，來個長期追蹤？女孩也看出了我的疑慮，笑著說：「先生放心，我只是問問您的姓，沒有別的意思。」想想也是，一個女孩還能對我怎樣。於是，隨口把姓告訴了她，然後頭也不回地拉著兒子進了書店，只留下女孩在那裡連聲道地謝。

書店裡的人不是很多，我陪著兒子在兒童專區開心地看了一下午的童話書，等到我們邁出書店大門的時候，天已經有點黑了。我們走到街上，我又看見了那個女孩，她還在不斷地攔著行人。每當有人往紙盒裡投錢時，女孩就開始重複一個動作，掏出紙和筆，詢問人家「您貴姓」。這讓我對女孩產生了好奇，我拉著兒子站在一旁，想看看她做這些到底是為什麼。半個小時後，女孩開始低下頭數盒子裡的錢，數完了，長長地呼了口氣，臉上露出難得的笑容。然後，女孩抓著那把零錢，穿過大街朝一個水果店走去。那是一家進口水果專賣店，賣的水果都很昂貴。我站在店外，看著女孩把一大把硬幣交到店主手裡，彎下腰在果架上認真地挑選著。最後，女孩選中了一枚又大又紅的蘋果。

拿著蘋果，女孩又拐進了不遠處的一家小吃店，看來要去吃晚餐了。我搖了搖頭，心裡生出莫名的惱怒來，是善心平白地遭人愚弄的惱怒。我跟進了那家小吃店，想問問那個女孩，她每天都是這麼瀟灑的過日子的嗎？可是，當我站在女孩的面前時，卻愣住了。女孩正蹲在一個男孩的身邊，男孩躺在一張白色的單人床上，眼睛緊盯著女孩的手。女孩的手裡拿著那枚蘋果，蘋果的皮已經削好了一半。

看見我進來，女孩站了起來，「是您啊？」女孩的臉上是感激的笑，「您是來吃晚飯的嗎？我媽媽做的菜很好吃，今天免費讓您吃到飽。」

女孩叫她的母親，很快，兩碗麵就擺在了我和兒子面前。我疑惑地盯著女孩的臉，問道：「這間店是妳家開的？」

「是啊，」女孩說，「老闆是我媽媽，我是來幫忙的。」

「那……」我望向床上躺著的男孩，又把目光落在了女孩手中的那枚蘋果上。

「哦，」女孩揚了揚那枚蘋果，「您是想問我為什麼乞討吧？」女孩指了指那個男孩，「他是我哥，他在夏天的時候得了一場怪病，吃了好多藥，怎麼都好不起來。前幾天，我在網路上聽人家說，在一個人本命年的平安夜裡，向二十四個不同姓氏的人分別討要一塊錢，然後買一個水果，他吃了就會平安的。哥今年剛好二十四歲，今晚又是平安夜，雖然知道這不過是個美麗的謊言，但我還是想試試，也算是送給哥的一份祝福吧。」

女孩把一張紙遞到我的手裡。我看到，紙上工工整整地記著二十四個不同的姓氏，其中也包括我的。

在我看那張紙的時候，女孩已經把手中的蘋果削好了，她把它輕輕地遞到男孩的嘴邊。接著，我就聽到了男孩香甜的咀嚼聲。

那一刻，我忽然鼻子一酸，有了想流淚的衝動，為這個女孩，和她乞討來的那份平安夜的禮物。

電子書購買　爽讀 APP

國家圖書館出版品預行編目資料

當歷史開口說話，古人未曾解答的問題：一場歷史與人性的對話，在千年故事中尋找現代人生的解答 / 鄭俊甫 著 . -- 第一版 . -- 臺北市：複刻文化事業有限公司 , 2024.12
面；　公分
POD 版
ISBN 978-626-7620-16-8(平裝)
1.CST: 中國史 2.CST: 通俗史話
610.9　　113018337

當歷史開口說話，古人未曾解答的問題：一場歷史與人性的對話，在千年故事中尋找現代人生的解答

臉書

作　　者：鄭俊甫
責任編輯：高惠娟
發 行 人：黃振庭
出 版 者：複刻文化事業有限公司
發 行 者：複刻文化事業有限公司
E-mail：sonbookservice@gmail.com
粉 絲 頁：https://www.facebook.com/sonbookss/
網　　址：https://sonbook.net/
地　　址：台北市中正區重慶南路一段 61 號 8 樓
8F., No.61, Sec. 1, Chongqing S. Rd., Zhongzheng Dist., Taipei City 100, Taiwan
電　　話：(02) 2370-3310　　傳　　真：(02) 2388-1990
印　　刷：京峯數位服務有限公司
律師顧問：廣華律師事務所 張珮琦律師

定　　價：375 元
發行日期：2024 年 12 月第一版
◎本書以 POD 印製